サルと哲学者

哲学について進化学はどう答えるか

ファルシッド・ジャラルヴァンド
久山葉子 訳

THE MONKEY AND THE PHILOSOPHER

Evolutionary Answers to Philosophical Questions

Farshid Jalalvand

Translated by Yoko Kuyama

Shinchosha

サルと哲学者

哲学について進化学はどう答えるか

THE MONKEY AND THE PHILOSOPHER
Evolutionary Answers to Philosophical Questions
by
Farshid Jalalvand

Illustrations by Ryuto Miyake
Design by Shinchosha Book Design Division

サルと哲学者　哲学について進化学はどう答えるか　目次

プロローグ　7

井戸の底のホモ・サピエンス　8／文字　11／自然哲学者　12／科学革命　15／理想主義　対　唯物論　18／ダーウィンの進化論　20／人間の起源　25

第一章　人生の意味とは？　29

ボタン学　30／人間のスーパーパワー　33／厄介なソクラテス　35／アリストテレスの〝エウダイモニア〟　36／キュニコス派とストア派の〝アタラクシア〟　37／エピクロス派とキュレネ派の〝快楽〟　38／天国　39／スピノザの〝神あるいは自然〟　42／ショーペンハウアーの〝消失〟　44／ニーチェの苦しみと勧め　46／記憶喪失の患者　51／進化の袋小路と人生の意味　52／電気ショック　54／退屈の意味　59／哲学者たちの退屈　60／カミュの不条理な英雄　62／人生の意味　65

第二章　人間の道徳はどこから生まれるのか　67

ラスコーリニコフの罪　68／天における道徳　70／徳倫理学　72／カントの合理性　74／帰結主義　75／贈り物そして知識としての道徳　76／アリストテレスの盗人　77／ヒュームの道徳感情　78／道徳的な子供たち　84／あわれみと正義　90／〝自分たち対あいつら〟　93／道徳哲学の新たな光　99／いちばん優しい人がいちばん多く子供をもった　102

第三章　自己とは何か　103

哀れなグレーゴル・ザムザ　104／デカルトが受けた啓示　107／魂と意識　112／ロックの記憶　113／ヘーゲルの観察者　116／生物有機体　118／微生物界のロミオとジュリエット　119／コロニー　125／人間という有機体の定義　127／不死の細胞　129／パーフィットの転送装置　132／自己など存在しない　134

第四章　人間は形成可能なのか　135

フランケンシュタイン博士の思い上がり　136／プラトンの守護者　139／スパルタのアゴーゲー　145／ゴルトンの統計　148／優生学から生まれた犯罪　151／インテリジェント・デザイン　152／遺伝子のハサミ　153／子孫の生物学　157／進化を超える力　158／世界初の遺伝子組み換え人間　160／ホモ・スフィンクス　162

第五章　何が社会の興亡につながるのか　165

アースシード　166／マキャヴェッリのソーセージ工場　169／ホッブズの海の怪物　173／ルソーの高貴な野蛮人　176／モンテスキューの法　179／ローマ帝国の崩壊　184／古代後期小氷期　186／ペスト菌と黒死病　188／なぜスーパーマンは白人なのか　198／植物・動物・微生物　199／満足した老ボクサー　202／中世の小氷期　204／搾取と社会崩壊　205／何もかも変化する　209／新しい哲学者たち　210

謝辞　213　訳者あとがき　215　参考文献　i

訳注は割注で示した

プロローグ

Prologue

井戸の底のホモ・サピエンス

この世の始まりにおいて、知識という知識は闇に隠されていた。ためらいなく**ホモ・サピエンス**と呼べる最初の生物が世界を探索し始めた頃、彼らは寝起きの状態だったにもかかわらず、この世のありとあらゆる現象に思いを巡らせたにちがいない。進化の過程で抽象的思考という突出した能力を授かり、それが**認知革命**と呼ばれる節目となった。当時から基本的な生物としてのニーズを遥かに超えた人間の好奇心、それはいかほどのものだったのか——。自分たちの周りに存在するあらゆるもの、それについて何も知らないことは自覚していたのだろうか。知らないことを苛立たしく思っていたのだろうか。いや、人類は非常に役に立つ知識をたくさんもってもいた。原始的な道具のつくり方や使い方、効率良く狩りをしたり食料を集めたりする方法、自然の中に潜む危険の種類、それをどうやって避けるかなどはよく知っていた。しかし世界がどのように成り立っているのか、夜空の星が何でできているのかは知る由もなかった。命を脅かしかねない気象現象の原因もわからなかったし、引き潮になると浜であらわになる牡蠣を獲って食べるものの、潮の干満がなぜ起きるのかは理解していなかった。身体の各器官の機能、自分たちがかかる病気の原因、女性の生殖能力を左右する要因も然り。そもそも自分がどういう過程を経て誕生したのかすらわからない。知識という意味では、暗い井戸の底にいるようなものだった。

*

一方、今のわれわれは科学において超専門化された時代に生きている。全員の知識を集めれば極めて高いレベルに達し、研究者には分子微生物学者だとか生物物理化学者、理論素粒子物理学者、システム免疫学者といった複雑な肩書きがつくようになった。科学がそれほど発展した今、海洋生物学と天体物理学の最新レベルの研究を同時に行う人はいない。アリストテレスはかつてそれをやってのけたが、普遍の天才が存在した時代はとうに終わったのだ。

もっとも、学問の超専門化のせいで時として、あらゆる思考は実は同じ一つの試み——つまり現実や知識を、命を、自然を説明しようとしていることだというのを忘れてしまった。そもそもはどれも哲学なのだ。私自身がそのことに気づいたのは、研究の傍ら新聞の文化欄に寄稿するようになった時だ。科学的な発見を広い視野で見つめようとすると、いつも何かが欠けているような気がしていた。前後の繋がり、話の流れ、より大きなイメージとでも言おうか……それが足りない。いったい何なのだろうか。何らかのアイデアを追究しようとすれば、必ず哲学にぶつかる。神経生物学は意識哲学、人間の進化は道徳哲学や政治哲学、多細胞性は存在論、遺伝学は倫理学、量子物理学は自由意志……といった具合だ。

　この本の目的は現代の超専門化からズームアウトし、自然科学全般とりわけ進化科学が、伝統的には自然科学領域に属してこなかった思想史という分野の主要な問いにどんな答えを与えてくれるのか、それを探ることだ。生きる意味とは？　人間の道徳はどこからくるのか。自己とは何か。人間にはどのくらい可塑性があるのか。社会の興亡の原因は？　こういった問いは人類が太古の昔から考えてきたことであり、現在そして未来の自然科学者や哲学者だけでなく、この世に生きる一人一人が考えるに値する問いである。

　哲学者、作家、実験家らが今までこういった洞察にどれほど寄与してきたのか、それを理解するために、まずは思想史において自然科学と哲学がどういう関係性にあるのかを見ていこう。そのためには少々時間を遡らねばならない——人類文明の黎明期まで。

文字

今から約一万一千年前、人類は農耕を発明し、狩猟採集生活を捨てた。それによって食生活が変化しただけでなく、目を見張るほどの社会変革が起きた。食料の生産に余剰が出て、以前は食料の収集にだけ使われていた手が急に空いたことで、鍛冶屋、建築家、聖職者といった専門職が誕生した。農民が定住して小さな集落ができたが、それが複雑で大規模な政治体制へと育つにつれ、自分たちを組織立てるための新しい前提が必要になった。

君主が税金、測量、国庫などを管理できるように、官僚そして事務方――退屈極まりないが、人類の文明に欠かすことのできない黒幕的存在――という役割が生まれた。国家は拡大の一途をたどり、手に負えない量の事務作業をサポートしてくれる道具が必要になった。文字の誕生は人類の歴史の節目ではあるが、目的は会計記帳のためという面白味のないものだった。官僚など人類の歴史に何の貢献もしていない、と言われるのは皮肉なことだ。

文字の登場によって先史時代が終わりを告げ、有史時代が始まった。当時何を考えていたのかがわかる最古の人々が古代人で、人類の思想史――思想の起源の探究、そして時代ごとの変化——もそこから始まる。文字は行政事務の範疇を超えて急速に広まり、語り部、詩人、劇作家や司祭が自分の考えを永久保存する方法として、この新しくて便利な発明を採り入れた。

今のわれわれもヘロドトスが記したドラマチックなペルシア戦争の歴史、サッポーの官能的な詩、アリストパネスの痛烈な喜劇、あるいはユダヤ教の神聖なトーラーを読むことができ、二千五百年以上前に生きた人たちが壮大で複雑な政治や情熱的な愛、社会問題への熱意、そして神への信仰をどのように捉えていたのかについても理解を深めることができる。いわば人類の優れた文化遺産の重要な箇所を知り得るのだ。そして文字は先述の職業だけでなく、思想史に最大の貢献をした人々——哲学者の手にも渡った。

自然哲学者

哲学、それは知識を構造化し、論理的な証明によって普遍的な結論を導くという学問であり、人間が物事に説明を探そうとしたことから生まれた。今日、哲学という分野は**形而上学**（現実とは何かの研究）、**認識論**（知識の研究）、**論理学**（合理的な推論の研究）、**倫理学**（道徳的問題の研究）といった下位カテゴリに分類されるが、その他にも心の哲学、言語哲学、政治哲学といったものがある。もっとも、当初は細分化されていなかった。世界最初の哲学者たちは特定の分野に特化する必要なしに、熟考する価値のある問いならば考え、推論し、合理的な理論を発展させようとした。つまり考えることはだいたい哲学だったのだ。

哲学の一部は早いうちから自然に焦点を当て、哲学者たちは次のような問いの答えを求めた。世界は何でできているのか。時間はどのように機能するのか。天体はどんなふうに動くのか。生物学的プロセス（生物が生存し、環境と相互作用するための能力に不可欠なプロセス）はなぜ起きるのか。物理学から生物学に至るまで、今日のわれわれが自然科学と呼ぶものは、もともとは自然哲学と呼ばれる哲学のサブジャンルだったのだ。

当初、哲学者らは自然を含む研究にはどれも同じ調査方法、つまり**合理的推論**を使っていた。ともかく考え抜くことで答えを出したのだ。たとえば現在知られている最初の哲学者ミレトスのタレス（紀元前六二四頃〜前五四五）は、水が固体、液体、気体として現れること、どんな生き物にとっても必須の栄養素であり、種や穀物が湿った性質だということは、水は宇宙の主要な構成要素であるにちがいないとした。ギリシャ人であったタレスは地中海沿岸の生活環境に影響されたのだろうが、アラビア半島で育っていたら、水の遍在性に関して別の考えをもったはずだ。

合理的な推論に依存していたこと、それ以上に確固とした調査方法が存在しなかったせいで、多くの自然哲学的説明モデルが確立されたものの今となってはタレスの水の理論と同じく滑稽でしかない。たとえばこの世は水、土、火、空気の四元素で構成されているという説や、人間の健康は黄胆汁、黒胆汁、粘液、血液という四種類の体液のバランスにかかっているという体液病理説。有機体は何もない真空の中から魔法のごとく生まれたとする原始的な弦理論もあった。

かといって初期の自然哲学者の貢献を馬鹿にしてはいけない。当時は起点になる材料がほぼなかったのだ。予備知識をもたない世界で目を覚ますのがどんなものか想像してみるといい。その状態で、生物の細胞にあるＤＮＡは微視《ミクロ》的な鎖状になっていて、そこに書き込まれた化学コードが生物の基礎になっていることに気づけるだろうか。まだ先は相当長い。初期の自然哲学者の貢献はつまり科学的に正しい理論の提示ではなく、適切な問題を考え出し、未来の世代がその先に構築していけるような理論、あるいは反証できるような理論を確立したことだった。こうやって知識は前進していったのだ。人間は無知の井戸をよじ登り始めた。

それでもまだ、自然科学研究に適した手法は存在しなかった。科学の発展は遅々として進まず、実際、古代からルネッサンス時代にかけてはわずかな変化しかなかった。この期間は、皮肉なことに戦闘技術を除いては技術の進歩も足踏み状態で、ヨーロッパの工学技術に至っては五世紀に西ローマ帝国が滅亡してから後退したほどだった。十七世紀初頭の科学知識は、キリスト誕生前後とさほど変わらないレベルだったのだ。

物理学者はこの世が四つの元素で構成されているというアリストテレスの理論を信じていたし、天文学者は地球は宇宙の中心で動かず、太陽が地球の周りを回っていると思っていた。医者は体液病理説を信じていたため、四種類の体液のバランスを元に戻すための瀉血があらゆる病気の治療法だった。有毒な鉛や水銀を摂取させたり、麻酔なしで身体を切断したりすることもよく行われた医療処置で、学識のある者でも雷が放電であることや、熱がいかにして力学的エネルギーに変換されるか、あるいは顕微鏡でなければ見えないような生命が存在することを知らなかった。自分の心血管系がどのように機能しているかも充分に理解していなかったのだ。

科学革命

しかし時が経つにつれ、自然科学分野では合理的推論以外の研究方法が採り入れられるようになった。飛躍的に進展したのは、十七世紀にある科学的手法が開発されたからで、それが文字と並んで文明の節目となる。簡単に言うと、合理的推論に実験や経験、体系化、数学、裏づけ、再現性、透明性、独立検証を加えたのだ。

しかしこの科学的手法は、われわれ人間の心理とはまさに対極にある。人間というのは不充分な数の観察結果から極論を下しがちな生き物だ。主張にヒビが入っているのに気づいていても、異論を唱えるよりは賛同しておきたいと思う、群れで暮らす動物なのだ。これが真実だと決めたら、その世界観が認められ維持されることを望み、不都合な事実や矛盾した事実は見ないふりをしてしまう。自分の評判を重視し、主張が間違っていたことを認めるよりも、頑なに固執してしまう。もっとも、この新しい科学的手法はそういった人間の特性を回避しなければいけない。そうすることで自然を客観的に、自分の期待に目を曇らせることなく観察できるのだ。

アイザック・ニュートンやガリレオ・ガリレイの貢献もあって、やがて科学的手法が具体的な形を取り、**科学革命**の幕開けにつながった。自然哲学者はもっともらしい仮説を打ち立てるだけではもはや充分ではなく、仮説は実験あるいは数学によって検証されて初めて受け入れられるようになった。科学者たちは作業を進めるための雛形を手に入れ、あとは方程式に発想力と努力をプラスするだけでよかった。

その後、十八世紀に入ると急に色々なことが起きた。カール・フォン・リンネが世界中の種を体系化し、ロバート・フックは生物が細胞でできていることに気づいた。ジェームズ・ワットが産業革命を導く蒸気機関を開発し、マイケル・ファラデーは電磁誘導の法則を発見、ルイ・パスツールは細胞が他の細胞からのみ生まれることや、微生物が感染症の原因であることを証明した。グレゴール・ヨハン・メンデルは遺伝に関する法則を解明し、アントワーヌ・ラヴォアジエが酸素と水素を命名し、ドミトリ・メンデレーエフが元素周期表をつくった。マリ・キュリーは放射能を発見し、ニールス・ボーアが原子模型を確立し、アルベルト・アインシュタインが一般相対性理論を唱えた。ジェームズ・ワトソンとフランシス・クリックはロザリンド・フランクリンのデータを使ってＤＮＡ構造を解明した。それ以外にも数え切れないほど大発見があり、人類は恐ろしい疫病を治療し、近代的な産業を生み出し、月へと旅し、現在のようなＩＴ技術も発展させてきた。

しかし自然科学は高度な技術や物質面での発展だけでなく、意外にも――少なくとも部分的には――歴史的にわれわれを悩ませてきた基本的な問いにも答えを与えてくれる。宇宙はいかにして生まれたのか。世界は何でできているのか。生命はどのように繁殖するのか。人間はどこから来たのか？　最後の質問に関して言うと、重要な貢献をしたのは十九世紀初頭に運命の気まぐれによってビーグル号に乗船することになったイギリス人だった。

理想主義 対 唯物論

私自身は分子生物学者で、細菌学とワクチン開発の博士号をもっている。つまり、この本を哲学の論文のようにしようとはまったく考えていない。簡略化することもあるし、多くの偉大な思想家に言及していない。執筆にいたったのは、読者が――私も少し前までそうであったように――思想史がいかなる発展を経たのかを知りたいだろうと思ったからだ。本書では思想史からいくつもの小さな洞察を得て、私が選んだ問いに適した思想家や理論を、進化科学と照らし合わせていく。哲学者たちは何を言ったのか、最新の研究結果は何を示しているのか。そして、私たちはそこから何を学ぶことができるのか――。

しかし先に進む前に、執筆者として立ち位置を明確にしておかなければいけない。哲学の分野においては、哲学における懐疑主義と非懐疑主義、そして哲学における理想主義と唯物論の間に重要な境界線が引かれている。懐疑主義は知識の理論で、最も過激な場合は人間は何も知ることができないということになる。すなわち、理解したような発言をしてはいけない。真実であると同じくらい誤りであるかもしれないからだ。それより穏やかな懐疑主義では、経験的知識が完全に真実だとは証明できないが、実生活において真実味がある経験――たとえば今この瞬間にも重力の影響を受けているといったこと――は存在すると考えてよい。自然科学は最も過激な懐疑主義を否定しているが、さまざまな程度の確からしさでしか物事を知ることができないという前提は受け入れていて、この本もその原則に従っている。

哲学における理想主義と唯物論は認識論的な方向性ではなく、現実の性質に関する相容れない形而上学的理論だ。理想主義は現実を非物質だとしていて、その方向性を発展させた主観的理想主義のような分派は、現実は意識によって知覚される範囲にのみ存在すると主張している。理想主義には他に、ゲオルク・ヴィルヘルム・フリードリヒ・ヘーゲル（一七七〇〜一八三一）が提唱したように、現実はイデア（観念）のみで構成されているという考え方もある。一方で唯物論は、現実は人間から独立した存在である物質で構成され、世界がわれわれの中に存在するのではなく、われわれが世界の中に存在するとしている。

粘り強い探究が続けられているにもかかわらず、懐疑主義あるいは理想主義の方向性を完全に否定できるほど論理的な反論はまだ示されていない。ここでその議論を掘り下げるつもりはないが、二十世紀で最も重要な思想家であるルートヴィヒ・ウィトゲンシュタインの言葉を借りるなら、〝思考の水が流れるためには、川床は固い岩でなければいけない〟、したがって議論をするためにはある程度の前提がなければいけない。この本が元にしている推論にも長年にわたって非常に多くの経験的根拠が蓄積され、思考の枠組みの強固な地盤になっている。そのおかげでわれわれ探検家は、ある程度の自負を感じながら、科学の川にいかだを浮かべ、それに飛び乗って、刺激的な未知の目的地へと漕いでいくことができるのだ。

読者のために、そして憤慨した理想主義者から電子メールが届くのを避けるためにも、この本は唯物論的な世界観に基づいていると明記しておくのが適切だろう。〝私はマテリアルな世界に住んでいるマテリアル・ガール〟と、一九八四年にマドンナもはっきり宣言したように。

ダーウィンの進化論

時は一八二六年。スコットランドのエジンバラにある手術見学用の大教室で、幼い子供が手術台に縛りつけられていた。助手が数人がかりで小さな患者を押さえている。これは麻酔が導入された天国のような時代よりずっと前のことで、子供にははっきりと意識があり、外科医はおそらくワイシャツにネクタイ、ベストそして白いエプロンというでたちだった。その外科医が子供の身体にメスを入れた——いや、メスだけでなくナイフやのこぎりも使っただろう。見学している医学生に自分が何をしているのかを細かく説明もする。正確にはわからないが、きっと子供は足をバタバタさせて悲鳴を上げ続けただろう。恐怖と絶望と困惑に泣き叫び、ママ、ママと叫んで助けを求め、どうかやめてくれと懇願したはずだ。手術はちっともうまくいっていなかった。

当時の解剖劇場は手術台を木製の観覧席が取り巻く造りになっていた。そこに十七歳の医学生が立ち、目の前で行われている手術の様子に恐怖のあまり凍りついていた。手術の見学自体はこれが二度目で、一度目もうまくいかなかったが、今回はもっと駄目だった。手術を見ていられずに手術室を飛び出すと、もう二度とここには戻らないと誓った。そして間もなく医学部を退学した。

科学の発展にとっては、チャールズ・ダーウィン（一八〇九〜一八八二）が血や悲惨な状況を見ることが苦手だったのが幸いしたわけだ。ダーウィンは子供の頃から変わっていて、他の子供がはしゃいだりふざけたりしている時に、独り長い散歩を楽しんでいたという。その頃から物事を深く考える傾向があったのだ。また、カブトムシなどを日々大量にもち帰り、その収集癖のせいで父親に怒られてばかりだった。まったくこの子は、ちょっとはまともな行動ができないのか？

実家は裕福な中産階級に属していて、ダーウィンも仕事に就く必要はなかった。典型的な英国紳士として、父親の後を継いで医者になろうとしたが、若きダーウィンは医学の勉強に挫折し、父親によってケンブリッジ大学に入学させられた。ケンブリッジ大学を卒業できれば立派な人間――たとえば英国国教会の聖職者など――になれるはずだからだ。一八三一年に大学を卒業したものの、二十二歳のダーウィンに牧師になるつもりなどなく、イギリス政府の要請で南米沿岸を測量する世界一周航海に参加するという、またとない機会を得た。英国紳士としてロバート・フィッツロイ船長の話し相手を務めるためで、このビーグル号での五年間――イギリスから南米、さらに太平洋、インド洋、アフリカ南岸を経て故郷に戻るまで――ダーウィンはついに自然の研究に専念することができた。

十九世紀当時、人間を含む既存の種はどれも不変で、生命が始まった時点から存在していたという見解が広く支持されていた。つまり聖書の天地創造そのままだ。しかし西ヨーロッパでは若い世代に科学への関心が広まり、この基本的前提が疑問視されるようになった。同世代を代表する存在だったダーウィンは帰国後、世界旅行の間に観察した数多くの種の間になぜ明らかにつながりがあるのかを必死に考えた。自然が自発的に種を発達させる――つまり**進化**が起きる――という可能性はあるのだろうか。それも神の介在なしに！そうだとしたら、そのプロセスを促すものは何なのか。どういった要因が必要になるのか。要因は自然発生するものなのか。ダーウィンはそれらの問いを無視できなかった。生命が枝分かれしていくメカニズムを解明する、そんな挑戦を受け入れたのだ。

ダーウィンの天才的な洞察により、比較的単純な二つの原則によって進化が起きるということがわかった。まずは同じ種の中に**バリエーション**がなくてはいけない。そして**自然選択**が起きる。つまりその環境において有利なほうが生き延びやすく、高い確率でその性質を次の世代に伝えることができる。こうして世代を経るごとに種が変化していく。

ダーウィンの進化論のおかげで、当時科学的に謎だったことの多くに説明がついた。なぜ異なる種の間に明らかな類似性があるのか、なぜ絶滅種の化石が次々と発見されるのか。ダーウィンが正しければ、種は不変ではない場合もあるわけではなく、不変ではありえない。長い時間がかかるにしても、進化のプロセスは常に進んでいるのだ。

そしてダーウィンも、自分の進化論が大変な問題につながることに気づいていた。人間の起源、そして人間の行く末について何がわかるのか――。教会は〝神は自分の似姿として人間をおつくりになった〟と説いているのに、人間は類人猿の祖先から進化した種にすぎなかったのか？　おまけにまだ発展途中であると？　ダーウィンは社会を転覆させようとする政治的過激派なのか？　自分の発見が秘める革命的なパワーに怯え、繊細な研究者ダーウィンは書き綴った自分の理論を書き物机の引き出しに入れて鍵をかけてしまった。その後、出版されるまでには二十年近くかかったのだ。

もっとも、それ以前からダーウィンの名は科学界に知れ渡っていた。世界旅行中に旅行記を執筆し、鉱物や生物を採集し、絶滅した動物の骨を母国に送り、環礁の形成プロセスについても正しい理論を発表した。帰国した時にはすでに有名人で、さらにビーグル号での冒険記を出版し、複数の科学協会の会員として尊敬を集めていた。それほど知名度のあったダーウィンが、一八五七年頃にアルフレッド・ラッセル・ウォレス（一八二三〜一九一三）という名前のファンから手紙を受け取ることになる。

ウォレスは、ダーウィンやアレクサンダー・フォン・フンボルトに触発されて世界を探検した若い自然研究者だった。南米やマレー諸島への遠征旅行に参加し、ダーウィンと同じく種が変化しうるという点に関心を抱いた。その変化がどのように起きるのか、自分の考えを短い草稿にまとめ、偉大なアイドルに送ったのだ。大先輩ダーウィンがもしこの説に何らかの価値があると感じるなら、会員になっている科学協会のどれかにこの草稿を送り、発表してほしいと。

手紙に同封された草稿を読んで、ダーウィンは驚愕したにちがいない。若き後輩は種の進化を促す自然のバリエーションと選択について自分と同じ理論を構築していたのだ。ダーウィンが最初にその説を書き留めてからすでに二十年が過ぎようとしていた。ここ最近はそれを公表するかどうかを友人らにも相談していたが、まだ実行には移していなかった。

ここでダーウィンは困った状況に陥ってしまった。英国紳士の掟ではこの場合ウォレスに最初に発表させてやるべきだが、信頼に足る同僚らと相談の結果、ある妥協案を提示した。それをウォレスのほうも喜んで受け入れ、一八五八年にダーウィンとウォレスは連名で革命的な進化論の科学論文を発表したのだった。世間では恐れていたような反論は起きなかったが、それもダーウィンがかの有名な『種の起源』(一八五九)でより詳細に自分の説を展開するまでのことだった。

人間の起源

ダーウィンは人間の起源に関しては慎重に言及を避けたものの、『種の起源』はビクトリア朝のイギリス、さらにはもっと広い世界に爆弾を落としたような衝撃を与えた。生命の始まり、人類の起源、宗教の役割、神の存在、社会における科学の立ち位置、そういった問題に対して際限ない議論が巻き起こった。病床にあったダーウィンは個人的には公の議論から距離を置いていたが、彼の支持者と反論者が書面やさまざまな公の場で知的、あるいは暴力的な闘いを繰り広げ、議論が過熱するあまりに乱闘もしばしば起きた。信心深いフィッツロイ船長に至っては、自分が悪党ダーウィンの乗船を許可してしまったことを深く嘆き、公に過ちを悔いた。なにしろダーウィンに〝衝撃的な理論〟を構築する機会を与えてしまったのだ。後に船長が自死を遂げたのは、間接的とはいえ進化論の出現に寄与してしまったことを恥じてのことだと推測された。自分たち自身の自然な起源に目を覚まされ、これほど強い感情が湧き起こったのだった。

しかし時が経つにつれ、ダーウィンとウォレスの進化論を裏づける証拠が次々と集まった。二十世紀半ばには近代的な遺伝学のおかげで進化のメカニズムが分子レベルで起きることも示され、それよりも強力な科学的根拠は望みようがなかった。そして進化論は社会をも大きく変えた。科学的に示された理論は宗教の神話に勝る――そのことを示し、国の政教分離にも貢献したのだ。

もっとも、進化論の偉大さは社会への影響だけでは語りつくせない。科学的モデルとしてもかけがえのない存在になった。〝進化の光に当ててみなくては、生物学において理解可能なことなど一つもない〟とは、一九七三年にロシア系アメリカ人の遺伝学者テオドシウス・ドブジャンスキーが残した名言だ。私自身も、研究者として予想外の発見や科学的な謎を目の当たりにすると必ず、まずは自分にこう問いかけるようにしている。これにはどういう進化上の説明があるのか。どういった生物学的プロセスがこの現象を引き起こしたのか。多細胞性からパンデミックの発生、動物の生理学、植物の繁殖戦略、人間の普遍的な行動——そのどれもが進化の結果なのだ。進化論は生物学にとって、エジプト象形文字におけるロゼッタストーンのような存在であり、以前は理解できなかったものを理解するための鍵だった。

その後も自然科学の研究は進み、完全ではないにしても、自然哲学の問いの多くに答えが与えられた。物理学者は宇宙が何でできているかを着々と突き止めているし、化学者はどんな構成要素がどんな相互作用によってわれわれが知覚するこの世界を構成しているのかを探り、生物学者は生命のプロセスがどのように機能しているのかを研究している。

しかしそれよりも驚くべきは、現代の研究結果が予想外にも、自然科学とは見做《みな》されない問いにも新たな光を投げかけてくれたことだ。進化の科学と哲学を合わせ鏡にしてみると、さまざまな問いを出発点に、思想家と研究者がまったく異なる分野においてこの上なくエレガントにお互いを補完し合っているのが見えてくる。この二つの分野を組み合わせることで、世界を理解すること、そして無知の井戸を登るという行為がより素晴らしいものになるはずだ。

第一章

人生の意味とは？

What is the meaning of life?

ボタン学

作家は繊細なエゴをもつ——考古学の教授オスカル・モンテリウスは苦々しくもその事実を実感させられることになった。一八八〇年代の初頭、ストックホルムの王立図書館勤務の将来有望な公務員が執筆した、『スウェーデン国民の週末と平日、戦時と平時、家の中と外、あるいはスウェーデン千年の文化風習史』という壮大なタイトルの作品を無神経に批判するという大きな間違いをモンテリウスが犯したせいだ。その作品はモンテリウスのお気に入りの理論のいくつか、たとえばスウェーデン人の人種的純粋性に異論を唱えていたため、モンテリウスは容赦なく、作品に認められた多数の些末な事実誤認を批判したのだ。そして報いを受けた。この若き作家はスウェーデン史上最も毒のある論客だったのだ。

短篇小説『幸せな人々の島』でアウグスト・ストリンドベリ（一八四九〜一九一二）は批評家モンテリウスに対して辛辣な復讐を遂げた。その結果、モンテリウスを風刺した言葉がスウェーデン王立アカデミー編纂の辞書に載ることになったほどだ。モンテリウス教授は考古学発見物の年代測定法を確立した人物で、その分野は型式学と呼ばれ、たとえば石斧を詳細に分析して分類していく。ストリンドベリの小説では、スウェーデン人が乗った船が難破して無人島に打ちあげられるが、全員が記憶喪失になっていた。島では当時のスウェーデン社会のコピーが立ち上がり、新しく上流階級になった人々は暇潰しに、完全に無意味で〝多かれ少なかれ愚かな〟活動に取り組み始める。あるスウェーデン人（モンテリウスを風刺した登場人物）はボタンを蒐集し、それを分類するための科学的なシステムを構築する。〝真鍮製、銅製、錫製、鉄製、骨製、木製、一つ穴、二つ穴、三つ穴、四つ穴〟、そしてボタン学教授のポストに応募し採用され、（〝その学問分野の発展のためというよりは、暇な人間にやることを与えるため〟）島に新設された大学ではボタン学が必修科目になる。ストリンドベリが当時の研究界をどう見ていたかは明らかだ。

ストリンドベリの風刺は上流階級の特権、国家の資金運用、大学の役職任命プロセスなどさまざまな点に向けられている。もっとも、その中でも長きにわたって人々の記憶に残ることになったのは〝ボタン学〟で、辞書にはこのように定義されている。

ボタンに関する学問。ふざけて、あるいは侮辱的に、(科学だという思い込みで)取るに足らないものを体系化すること

専門分野における功績が集団記憶の中で〃取るに足らないものの体系化〃と見做《みな》されるに至ったことは、モンテリウスにとって苦い薬だったに違いない。しかも彼が開発した型式学は現在でも考古学研究において有用とされている立派な手法だ。ストリンドベリを侮辱すると、容赦なく攻撃を受けることになるのだ。

しかし、より広い視点で見ると、『幸せな人々の島』にはいくつもの興味深い、心理的によく練られた洞察がある。ストリンドベリは直感的に、退屈した人(島で新たに形成された上流階級)は何かやることが必要だというのを知っていた。自分のためにもだが、社会の安定のためにも必要なのだ。ただボタンを集めるだけでは満足できないのも明らかだった。確かにストリンドベリは取るに足らないものの体系化をパロディにしているが、その行為自体は、つまり何かの作業に目的を与えようとすることは、われわれ人間の奥深いところに根差しているようなのだ。ひょっとすると純粋に人間という生物に組み込まれているのかもしれない。

というのも、架空の島からズームアウトしてみると、このボタン学が社会全体に浸透していることに気づく。役人や弁護士、科学者は、その他大勢にとってはまったくどうでもいいようなものを体系化することに時間を費やしている。趣味のコレクターもコインや切手、あるいは石などを大変な労力を費やして整理して保管する。私の八歳の息子でさえ、なぜかレゴのキャラクターやポケモンカードをタイプやHP別に分類することに夢中だ。何を取るに足らないとするのかによって、いくつもの（あるいはすべての）現象をボタン学に分類することができる。

つまり自分たちに対してこう問わなければいけない。ボタン学は本当に無意味なのか？

人間のスーパーパワー

われわれは生まれ、生き、そして死ぬ。その合間に、実際に何に時間を費やしているのかを考えあぐねる暇もある。意識ある人間が、今存在し後に存在しなくなるだけで満足するとは思えない。われわれは存在する理由、目的、意味を探そうとする。なぜ自分たちがここにいるのかを説明してくれて、人生の闘いを潜《くぐ》り抜けさせてくれ、悲劇に襲われれば慰めてくれ、死という現象に対処するのも助けてくれるような何かを。だって、何もかも無駄だったなんてことはないはずなのだから。

こういった実存的な問いを扱うために、人間はずっと昔から自分たちのもつスーパーパワー、つまり発想力に頼ってきた。歴史を通じて神などの超自然的な存在を創り出し、そこから人生の意味を導き出すことで自分の存在を説明しようとしてきたのだ。偉大なる神々は生贄によってなだめられ、法に従うことも要求するが、その見返りに神を畏《おそ》れる者には現世での繁栄、死後には楽園というご褒美が与えられる。また思想家たちも、清めの儀式という方法の導入によって、魂が彷徨のサイクルから解放されるというアイデアを考え出した。

こういった神話は時代を問わず、政治的、社会的、法的な組織のあり方に大きな影響を与えてきた。国民国家の法規は現代でも、市民の大多数がもつ宗教の教義が、結婚、セクシュアリティ、刑法、中絶や安楽死の是非などに色濃く反映されている。もっとも、宗教的信念から特殊な法規が生まれた例もある。古代ペルシアでは国教ゾロアスター教において光と闇の支配者の間で永遠に闘争が起きているとされ、嘘が闇の重要な道具だと考えられていたため、嘘をついた者は死によって罰せられた。古代ペルシアでは配慮あるホストならばゲストに食事がおいしかったかどうか訊くことはなかったのだろう。

もっとも、宗教神話よりもはるかに興味深いのは、人生の意味を推測しようとした思想家たちの努力だ。初期の哲学の大部分が形成された古代ギリシャでは、著名な思想家たちがこの問いに答えを求めようとしてきた。

厄介なソクラテス

ソクラテス（紀元前四七〇頃〜前三九九）はアテナイ初のスーパースター哲学者だった。同時にアテナイ一厄介な人間だったようだ。無礼な哲学者は背が低く、横に大きく、珍しいほど醜かったという描写が残っていて、自分は神秘の力によってアテナイに送りこまれた、それもアテナイの人々に彼らの過信と傲慢さを容赦なく認識させるためだと信じ切っていた。偉そうにあれもこれも間違っていると指摘する怪しい男が愛されるわけがない。

プラトンによる『ソクラテスの弁明』の中で、ソクラテスは自分の人生観を語っている。富や権力はどちらも人間を堕落させる、なのにそれを追い求めることにどれほど意味があるのか。ソクラテスは人間の不滅の魂がそういったものに穢《けが》されていると考え、死後の人生で神々の前に立つ時、不道徳なシミのない魂でいたいと望んだ。〝正しく哲学に関わる者は皆……たった一つのことを準備している。死ぬ時、そして死んでからのために〟と『パイドン』の対話の中でも述べている。もっとも、厳格な宗教における人生や道徳に対する考え方とは異なり、ソクラテスは人間は答えを探求しなければいけないとしている。『ソクラテスの弁明』の有名な一節に、〝吟味のない人生は生きるに値しない〟というのがある。ソクラテスは内省と合理的な議論を重ねることによって、深い知識における知的探究に、そして何が正しくて何が間違っているのかという探究に人生の意味を見出したのだと考えられる。つまり哲学的な考えに耽《ふけ》る人生だったわけだ。

アリストテレスの〝エウダイモニア〟

別の見方をした哲学者もいる。学問上ソクラテスの孫に当たるアリストテレス（紀元前三八四～前三二二）は『ニコマコス倫理学』で人生の意味を取り上げ、ほぼ科学的とも言える手法を用いて結論に達した。人間のあらゆる活動の意味を分解して分析したのだ。われわれは金を稼ぐという目的で、ある作業を行う。そのおかげで生きるために必要なものを買うことができる、そのおかげで……と続いていく。論理的な結論に近づくために、アリストテレスはより高い目的、つまりあらゆる目的の中で最も崇高な、究極の目的である**エウダイモニア**を特定していった。このエウダイモニアはスウェーデン語には直訳できる言葉がないが、〝幸福に栄えて存在する〟、あるいは〝刺激的に存在する〟と言えるだろう。

アリストテレスによれば、人間は人間としてのポテンシャルを最大限に発揮することによってエウダイモニアに達する。そして人間に特有で他の生物とは一線を画するのが、合理的に考えるという能力だ。〝幸福に存在する〟というのは考えることに専念した人生を生きることであり、その機会を国民に与えられるのが最高の政治制度である。哲学者たちは驚くほどよく〝哲学的な考えに耽ること〟が人生の意味だと考えるようだ。

キュニコス派とストア派の〝アタラクシア〟

つまりアリストテレス以来、幸福に栄えて存在することが、人生の意味を哲学的に議論するさいの定番だった。もっとも、最善の形でそこに到達するために、各学派は他の答えも用意している。キュニコス派は禁欲によって自足を達成し、富、権力、名誉といった必滅なものへの欲求から解放されると考えた。それによって生まれる自由が**アタラクシア**で、精神の平安へと導かれ、真のエウダイモニアを得られる。

別の有名な学派ストア派は、アタラクシアがエウダイモニアの中心的存在だという考えは採り入れたが、キュニコス派のような社会嫌悪については受け入れなかった。ストア派たる者は自分で合理的に制御できる範囲内のものに打ち勝つこと、それを超えるものとは折り合いをつけることで冷静な精神に到達する。死や病、苦痛といったものからは逃れられないという現実を受け入れ、瞑想的な思索によって平静に受け取るのだ。

エピクロス派とキュレネ派の〝快楽〟

一方、エピクロス派はエウダイモニアを追求するという不毛なアプローチに背を向け、幸福に存在することは、苦痛の不在と**快楽**の存在によって到達できるとした。もっとも、その中核となるメッセージは誤解されがちだ。始祖エピクロス（紀元前三四一～前二七〇）は〝苦痛をすべて取り除くと、快楽の程度は限界に達する〟と教えを説いている。〝充分なものに満足できない者は、何にも満足できない〟のだ。エピクロス派にとって良い人生とは友情、心地よさ、理性が突出した要因で、苦痛や迷信、不当な恐怖は拒絶している。

しかしハードコアな快楽主義キュレネ派は、快楽の効用を非合理的な結論へと導いた。エウダイモニアではなく快楽こそが最高の善であり、それに人生を捧げるべきだとしたのだ。さらには道徳に客観的な善悪は存在しないとも主張した。そういったものは社会的な慣習や法律の産物であって、それゆえ不道徳な快楽というものも存在しない。存分に快楽に浸りなさい、というわけだ。このキュレネ派の〝超利己主義〟を哲学の一派と見做すことができるのは、人間のあらゆる行動の裏にある主な要素は私利私欲であるという考えを最も深く突き詰めた古代の学派だからだ。この学派は長く続かなかったとはいえ、現在の資本主義における市場経済原理を熱心に信奉する人々の中でポピュラー哲学的イデオロギーとしてカムバックを果たしてもおかしくない気がする。

天国

古代後期にはキリスト教徒とイスラム教徒がユーラシアを征服するにつれ、強固な宗教が人生の意味という問いにも権力を振るい始めた。信仰に反したり、政治権力に疑問を呈したりするような異教の哲学は禁じられ、宗教団体を盲目的に信仰するのが道徳的に優れていると称賛されるようになり、〝不道徳な〟行動に対して暴力が広く用いられた。

確かにキリスト教は、宇宙の構造や魂の不滅など、聖書の教義と互換性の高いアリストテレスやプラトンの形而上学の一部を採り入れてはいる。しかしそれ以外、古代哲学は一般人の知るところではなくなった。イスラム世界では十一世紀に神学者ガザーリーがイスラムの主要な教義に反するからという理由で、ギリシャ哲学に対する初期の関心に終止符を打った。キリスト教の神学者もヨーロッパで同じような規制を敷き、十三世紀以降はあらゆる形の異端審問が行われ、古代後期から近世にかけては宗教の教条主義が猛威を振るった。

中世の人々も当然ながら――少なくともその機会を得られた場合は――人間がそれまでも常にやってきたことをやった。権力やステータス、それに富を手に入れようとしたのだ。もっとも公には、人生は〝死後の人生への準備〟という位置づけだった。宗教の法に従うことで唯一神をなだめ、地獄ではなく天国にたどり着く。それもこれも、神と直接通信していると主張する預言者自身が説いたとおりに。たとえばイエスは山上の説教で弟子たちにこのように説明している。〝あなた方は自分のために地上に宝を蓄えるのをやめなさい。そこでは蛾が食ったりさびが付いたり、また盗人が押し入って盗みます。むしろ、自分のために天に宝を蓄えなさい。そこでは蛾が食ったりさびが付くことはなく、盗人が押し入って盗むこともありません。あなたの宝のある所、そこにあなたの心もあるのです〟地上での人生はすなわち、天国というユートピアで行われるホンモノのパーティーの序章にすぎないのだ。

聖書に描かれるイエスほど強烈な印象を与え、他を超越した霊性をもつ人間は稀だ。大多数の人間はそんな特性をもたない。それが全国民に理想主義的な宗教倫理の体制が押しつけられるようになると、予想どおり現実的な解決策へと劣化し、結局は免罪符や宗教団体への寄付、各種の捧げ物が地上の人間の魂に欠けた豊かさを補う手段になった。その上でつけ足したいのは、真の信仰も常に存在していたことだ。八世紀に現在のイラク、バスラで活躍した女性のスーフィー（イスラム神秘主義者）、ラービア・アダウィーヤが滔々と書き記している。

おお、我が主よ。私が地獄への恐怖からあなたを崇拝するなら、地獄で焼き殺してください。

私が楽園を望んであなたを崇拝しているなら、楽園から閉め出してください。

しかし、私があなたのためにあなたを崇拝するなら、あなたの永遠の美を拒否しないでください。

確固とした宗教的アイデンティティを形成し、それを維持すること、それが神（より高い権力）への完全服従と組み合わさって、どの時代においても多くの人に意義を感じさせてくれる強力な要素だったのだ。

もっとも、自由な思想に対する宗教支配は永遠には続かなかった。最終的には十六世紀の宗教改革で、長らく続いてきた俗世的な権力と教会という権力が経済的資産を巡る決闘に決着をつけた。諸侯がプロテスタントを信仰していた国々では、プロテスタントが教会所有の広大な土地や莫大な富の収用を諸侯に認めたため、教会の権力、そして教義に反する思想を抑圧していた力が弱まった。ニュートンやガリレオによる科学的新発見は、カトリックが後押ししていたアリストテレス的な自然科学をひっくり返し、唯一の真理の説教者であったはずの教会の立場をさらに弱めることになった。こうした政治的経過の余波で、大きな自由が突然手に入り、人間の自由な思想が再び栄え始めたのだ。

スピノザの〝神あるいは自然〟

宗教の人生観からはっきりと決別した最初の近代哲学者はバールーフ・デ・スピノザ（一六三二〜一六七七）だった。同時代の敵からは無神論者扱いされたが（当時としては不道徳、狂人、社会的危険分子といった属性と並ぶ恐ろしい批判だった）、実際には汎神論者と呼ぶのが正しいだろう。スピノザは神を信じていたが、神と自然は同一の存在であると考えていた。つまり神はこの世において、人間の行動を監視して罰したり褒美を与えたりするような能動的で人間的な存在ではないし、人間に利益をもたらしたり害を及ぼしたりするような状況を創り出しもしない。スピノザの哲学では神は宇宙を構成する物質であり、一貫して〝**神あるいは自然**〟という概念を使っていた。肉体と魂は根本的に異なる物質で構成されるとするデカルト的二元論に対し、スピノザは肉体と魂は同じもの、つまり神、自然、物質――どれでも好きなように呼べばいいが――でできているとした。しかし人間は身体と切り離された不滅の魂はもち合わせていない。死後に楽園での人生は待っていない。人間に与えられているのは今この瞬間だけである。

スピノザは著書『エチカ』（一六七七）の中で複雑な論理的議論を展開し、この世のすべては逃れられない因果関係によるもの、つまりあらかじめ決まっているという結論に達した。すなわち厳密な決定論者だったのだ。スピノザによれば、人間は自らの無知のせいで自由ではない。〝人間は自らの欲望を認識してはいるが、その原因についてはわかっていない〟のだ。しかし理性を駆使することで、世界がどうなっているのかという洞察を得られる。なるようにしかならないという現実を受け入れるほどに、自由なり心の平安を得ることができる。スピノザの解釈はつまり、人生の意味とは宇宙、そしてどうしても避けられないことがあるということを理解して得られる心の平安に達することであり、ストア派やエピクロス派ともつながっている。

宗教社会が激しく抵抗したにもかかわらず、スピノザは自らの哲学によって、それまで封じ込められていた自由な思想の精神を解き放った。宗教の力、つまり人生の重要な問いの答えが独占市場化されていることを疑問視して、新たな時代の幕を開けたのだ。それによりスピノザはヒューム、モンテスキュー、ヘーゲル、ゲーテ、ニーチェといった哲学者にインスピレーションを与え、道を切り開き、近代哲学において最も影響力のある存在になった。

ショーペンハウアーの〝消失〟

スピノザからインスピレーションを受けることになった哲学者にはアルトゥル・ショーペンハウアー（一七八八〜一八六〇）もいる。このドイツ人は写真が残っているほど最近まで生きていた。写真の彼は額が禿げ上がり、立派なもみあげに側頭部のふさふさした白髪、薄くてほとんど見えない唇、その瞳は鋭くも穏やかであり、澄んでもいる。『スター・ウォーズ』のヨーダが人間だったら、ショーペンハウアーのような容姿だったのだろう。

ショーペンハウアーは仏教の影響を受けた最初の西洋哲学者の一人だった。彼の人生観の中核は、生きとし生けるものはどれも同じ世界の本質からできており、それが各個体の肉体に細分化され、表現されるというものだ。すなわち生きた有機体はどれもつながっている。同じ海に流れ込む川のように、あるいは同じ一本の中枢神経系につながる末梢神経のように。しかし同胞に目をやると、絶えずストレスを感じ、心配し、退屈で不幸せな人々ばかりが目に入る。次こそ幸せになれるはずだと信じて奮闘しているにもかかわらず。

自分たちは意志という鞭に追われる奴隷だ——ショーペンハウアーはそう考えた。実際にはどこにも行き着かないような目的に向かって休みなく努力し、心には果てしないフラストレーションが湧き起こる。欲望が一つ満たされるとすぐに、また別の欲望が生じる。その苦痛自体が人生の本質になってしまう。これに対処するため、そして心の平安を得るためには、自己の欲望から根本的に注目を移さなければいけない。それは宇宙の本質——つまり美——に到達することで深く考える人生を歩むこと、そして愛——つまりあわれみと人生否定——に捧げた人生を選択することによっても到達できる。その二つによって利己的な欲望や意志のくびきから解放される。つまりショーペンハウアーの哲学では、人生の意味とは自分自身を消し、この世と一体になることなのだろう。仏教徒なら涅槃に達する努力だと表現しただろうか。

ニーチェの苦しみと勧め

もっとも、誰もがショーペンハウアーの静謐な哲学を評価したわけではない。とりわけ激しく攻撃したのがフリードリヒ・ニーチェ（一八四四〜一九〇〇）で、その頃になると自然科学の研究が宗教的信念の多くを覆していた。一八五〇年代末にはダーウィンの進化論が発表され、神の創造物のトップに君臨するという人間の特別な地位が疑問視されるようになった。十九世紀が二十世紀になる頃には、少なくとも世界のこの部分では宗教の役割に異議を唱えやすくなっていた。中でも思想史において最も尊敬を集める口髭の紳士、ニーチェほど闘志に燃える者はいなかった。

ニーチェは若い頃には看護兵として従軍し、スイスのバーゼル大学で教授の職に就いた高名な学者でもあった。しかし病気のため三十五歳で教授の座を退くことを余儀なくされ、その後の十年は執筆に専念、晩年に心身ともに動かなくなるまで膨大な量の作品を世に送り出した。その一つが古典『ツァラトゥストラはかく語りき』（一八八三〜一八八五）だ。以前は、若い頃に足しげく売春宿を訪れたせいで梅毒に罹患し健康を害したとされていたが、現在では眼窩《がんか》内で徐々に成長する髄膜腫（脳腫瘍）が原因だったと考えられている。

病による激しい痛みがこの哲学者の気分や思考に影響を与えたことは想像に難くない。

ニーチェは複数の作品でキリスト教、教会、その倫理に対して猛烈な攻撃を行った。『ツァラトゥストラはかく語りき』の中では〝神は死んだ！〟とまで宣言し、人間を監視し、報いたり罰したりするような父権的で個人的な神が不在になることで人間には多くの問題が起きるとしている。それならば、われわれがここに存在する理由は？　神の法がつくりごとならば、何が正しくて何が間違っているのか。われわれが築いてきた社会構造がたかが神話に基づいているという現実にどう対処すべきなのか。そういった問いがニーチェの頭の中を占めていた。

ニーチェは一貫して、キリスト教に基づいた価値観はどれも信頼性を欠いており、ことごとく評価し直さなければならないとした。『ツァラトゥストラはかく語りき』では、ニヒリズム（善悪は存在しないとする立場）と道徳的な伝統をどちらも否定する、順応しない人間――**超人**――という概念を提唱している。超人は独自の価値観を根本から合理的に確立する。ある意味ニーチェの主張には、吟味するような問いかけをしない人生は生きるに値しないというソクラテスの主張と共通点がある。ニーチェもソクラテスも、継承されてきた価値観を正当性も顧《かえり》みずに受け入れる人間には価値がないと言いたいのだろう。その先、どの価値観が正しいかについては真逆の結論に至ってはいるが。

ニーチェは若い頃ショーペンハウアーの熱烈な信奉者であったが、独自の哲学を発展させるにつれ、かつての師との関係は緊張を帯びていった。ショーペンハウアーのあわれみと人生否定に代わって、ニーチェは活力と人生肯定という魅力に引きこまれていった。『アンチクリスト』、『道徳の系譜』、『ツァラトゥストラはかく語りき』といった作品の中で倫理に関する考えを記している。

〝私を殺さぬものは私をいっそう強くする！〟と彼らしい鋭さで宣言している。意志を抑圧する代わりに、意志に支配させるべきだ。人生を否定する代わりに、あらゆる困難を伴うとしても人生を肯定すべきだ。ニーチェにとって、あわれみはショーペンハウアーやキリスト教が説いたように内在的な善をもたなかった。むしろ逆に、あわれみは同情する者にもされる者にも弱さを植えつけると考えていた。〝苦しみそのものがあわれみを通して伝染する〟――悲惨さが水面の輪のように広がっていく。苦しみを鎮めたければまったく別のもの、意志の強さと活力が必要だ。〝善とは何か――権力の感情、権力を欲する意志や人間の中に備わる権力そのものを増幅してくれるものすべて……。幸福とは何か――抵抗が克服されることによって、権力が成長しつつあるという感覚〟ニーチェは行動力、大胆さ、そして勇気を引き出そうとした。まるでこう言っているかのようだ。血を沸き立たせ、その蒸気で前に進むのだ！

時には詩的とも言えるニーチェの哲学を理解することは容易ではなく、彼の作品には多様な解釈が存在する。たとえば、弱者や失敗した者は滅びるべきだとしたのはどういう意図だったのだろうか。文字どおりの意味だったのか、比喩だったのか。弱いというのは身体的に貧弱なのか、倫理的に脆いのか。弱さは外に向けられているのか、内に向けられているのか。自らの弱さを克服しろという呼びかけなのか。

支配に関する微妙な考え方は、ニーチェ自身がそのようなプロパガンダに関わったことは一度もないのに、ナチズムから優生学に至るまであらゆるものを正当化するのに利用されてしまった。なるべく好意的に解釈すると、人は偽りの生き方をやめるべきであり、達成不可能な理想が明らかに人間の本質に反する場合は、偽善や昇華につながるだけなのだから追求するのをやめたほうがいい。〝退廃《デカダンス》に戦争を仕掛けただけでそこから抜け出せたと考えるのは、哲学者や倫理学者の自己欺瞞だ。そこから抜け出そうとする行為は彼らの力を超えている〟と『偶像の黄昏』に記している。人間はむしろ正直になり、そう、自分の生物的衝動を真っ向から受け入れ、肯定しなければならない。正直ではあるが厳しい存在は、抑圧された欲望に染まった表面上の道徳的存在よりもましである。

つまり人生の意味や対応法を見出すためとはいえ、神やユートピア的な空想をでっち上げるべきではない。現実の俗世的な前提を出発点とし、自分だけに頼り、神なき新しい世界で前に進む方法を見つけるべきだ――ニーチェはすなわち、人間に成長するよう勧めたのだ。

今では聖書に描かれる人間中心の世界観を精査しようと思えばいくらでもできる。聖書では神の姿をかたどった人間が王冠をかぶった創造物として特権を与えられ、他の動物とは根本的に異なるとされている。創世記一章二十六節から二十八節にもこのように記されている。

神は仰せられた。「さあ人を造ろう。われわれのかたちとして、われわれに似せて。彼らが、海の魚、空の鳥、家畜、地のすべてのもの、地をはうすべてのものを支配するように」神は人をご自身のかたちとして創造された。神のかたちとして彼を創造し、男と女とに彼らを創造された。神は彼らを祝福された。神は彼らに仰せられた。「生めよ。ふえよ。地を満たせ。地を従えよ。海の魚、空の鳥、地をはうすべての生き物を支配せよ」（新改訳第三版）

記憶喪失の患者

もっとも、古代の人々の考えを顧みるにあたって、厳しく非難するわけにはいかない。近代以前の人々は昏睡状態から目覚めて記憶喪失になっている患者になぞらえてもいいくらいなのだ。自分が誰なのかなどわからないし、どこから来たのかもわからない。起き上がり、自分の素晴らしい能力を検証してみる。私はこんなに考えることができる！　こんなに話すことができるなんて！　道具をつくることもできる！　見て、私は動物を飼いならし、植物を育て、船で海を渡り、星空の地図を描くことができる——私は何かの神にちがいない！

今のわれわれは人間とは何なのか、どこから来たのかを知っている。人間とは地球上に数多く存在する動物の一種であり、考古学と分子生物学によって人間の進化の過程をつなぎ合わせることもできる。単細胞生物から多細胞海洋生物、そして脊椎動物、地を這う存在へ。そこから哺乳類が誕生し、恐竜をも絶滅させた大災害を生き延びた。哺乳類の中から霊長類が現れ、それがヒヒ、チンパンジー、そしてホモ・サピエンスへと進化する。最新の科学的推測によれば、この過程——単細胞生物からホモ・サピエンスになるまでには三十四億年という時間がかかったようだ。人間は昏睡状態から目覚めた時、（素晴らしい抽象的思考能力を発達させたおかげで）想像していたように完成版として登場したわけではなかった。この地球のあらゆる種と同様に、進化を経てきたのだ。

進化の袋小路と人生の意味

進化は盲目的で、目的のないプロセスだ。特定の有機体を〝王冠を戴く創造物〟にするべくして進むわけではない。有機体が変化を起こす**突然変異**は自然発生的に起きるものだ。私は研究室で毎日、それが自然発生するのをリアルタイムで目の当たりにしている。数十億の細胞をもつ細菌を培養すると、細胞の一つ一つが途中で突然変異を自然発生的に獲得する可能性をもっている。その培養物を抗生物質を入れたペトリ皿に移すと、細菌の九十九・九九九九九九％が死滅するが、必ずわずかな数の細菌が偶然にも、抗生物質がもつ死の効果を免《まぬか》れるような遺伝子の突然変異を起こしている。このような偶然の勝者が存在することは抗生物質にさらされなければ気づきもしなかったわけだが、その細胞は新しい能力のおかげで祖先が成長できなかった場所でも成長することができる。進化は常に進行しているのだ。

遺伝子に加えて、有機体の生息環境のほうも自然発生的に変化することがある。ガス濃度、太陽の活動、惑星の軌道、火山の噴火、微生物の感染力のどれかに小さな変化が生じただけで、いつ何時、生息環境が劇的に変化しないともかぎらない。以前の環境によく適応できていた有機体が、あっという間に生存上不利になることがある。または、変化した環境に適合性の高い有機体が突然有利になる可能性もある。その後、何らかの理由で環境が元に戻れば、プロセスは逆の方向に進む。つまり、進化には目標も思想も設計図もない。あくまで偶発的で無目的なのだ。

あらゆる種は、動物でも植物でも、無限に近いような偶然の連続から生まれてくる。それと同じ偶然が、いつの日かわれわれの種の滅亡につながる可能性があるわけで、そうなると地球は新しい環境条件——それが今より温暖な気候なのか、大気が変化するのか、新たな氷河期がやってくるのかはわからないが、それに適した種に乗っ取られる。つまり人間は王冠を戴く創造物などではない。しかも人間を滅亡させかねない宇宙の変化といっても、言及する価値もないほど取るに足らない変化なのだ。

つまり人間にとっての人生の意味など、探求しようとしても進化にぶつかって行き止まりになる。スピノザの言う〝神あるいは自然〟は人間の存在など気に留めない。ここでわれわれは孤独だ——ニーチェが述べたように。かといって存在意義を感じないわけではない。進化には目的がなく、自分は偶然の産物だと認識したからといって、あきらめて死ぬわけでもない。実際、われわれは意味のある現象に囲まれている。それに哲学が長年関心を寄せてきた現象——すなわち**退屈**だ。

電気ショック

二〇一四年夏、アメリカのバージニア大学を中心とする心理学者らが、権威ある学術雑誌『サイエンス』に非常に興味深い研究結果を発表した。その研究では参加者が個室に十五分間隔離され、独りで考えにふけるよう指示される。部屋には参加者が自分に電気ショックを与えられる装置が設置されていたが、この実験の目的は自分に電気ショックを与えることではなく、何もせずに十五分間この部屋で過ごすことだと念を押された。ただし、使いたければその装置を使ってもかまわない。説明を終えると研究者は部屋を出ていき、参加者は独り部屋に残された。

実験結果が出揃うと、参加者のうち男性六十七％、女性二十五％が孤独な十五分の間に自分に電気ショックを与えたことが判明した。多くの人はたとえ肉体的な苦痛を受けるというネガティブなことであっても、何もしないよりは何か、か、を、か、す、る、こ、と、を好む——研究者らはそう結論づけた。別の言い方をすると、多くの人が退屈を払拭するためなら相当のことをするということだ。時間が止まってしまったように感じるよりは、痛みを伴うとしても気を紛らわせたいのだ。

退屈は誰もがよく知る現象だが、それでも定義するのは難しい。一般的な認識としては何かが欠如している状態で、何かが起きているというよりは、何かが足りない。しかしこの研究により、退屈というのは全般的な欠如ではなく、具体的な欠如だということが示された。つまり、刺激が欠如した時に誘発される神経生理学的プロセスで、怒りや喜び、悲しみにも匹敵する精神状態だったのだ。

アメリカ人ジャーナリストのマギー・コールスは、退屈が心理学、神経生理学、遺伝学、哲学といった分野のどこかで、まっとうな研究分野としての地位を確立しつつあると書いている。研究者は退屈とは何なのかを理解したいのだ。退屈が何をするのか、どのように生まれるのか、その生物学的機能、われわれの精神や行動にどのような影響を与えるのか、といったことを。

退屈にはいくつか種類がある。その一つが**状態的退屈**（state boredom）と呼ばれるもので、やることもなく独りで部屋にいる時や、バス停でバスを待っている時など、誰でも陥る可能性がある状態だ。オーストラリアの研究者が発表した研究によれば、コメディドラマ

『フレンズ』の同じエピソードを連続して二回視聴させられた参加者は、別のエピソードを二本視聴した対照群と比べてポテトチップスやお菓子を十四％多く食べたことが判明した。研究者らは、今観たばかりのエピソードをもう一度見なければならないことで状態的退屈が引き起こされ、それを払拭するために食べたと考えている。

そもそも、退屈が摂食障害の患者が過食をしてしまう一般的な理由であることは以前から知られている。退屈はつまり、日常の中でわれわれの行動にこの上なく具体的に影響を与えているのだ。私自身も、一人で運転していると赤信号のたびに携帯電話を取り出してしまう。絶え間なく刺激を求める脳というやつは、一分もあれば退屈してしまうのだ。一方、他の人が車内にいれば、携帯ばかり見ているということはない。他の人との会話が退屈を解消してくれるからだ。

誰もが経験する状態的退屈の他に、**内面特性的退屈**（trait boredom）というのもあり、退屈への脆弱性のことだ。一九八六年にオレゴン大学の研究者が、退屈への陥りやすさを測定する退屈感志向スケール（Boredom Proneness Scale　略称ＢＰＳ）を開発した。このスケールでは、〝無駄なことをしなければいけないことが頻繁にある〟〝いつも時間が経つのが遅いと思う〟などといった質問に答えていき、ＢＰＳポイントを算出する。その結果わかったのは、ＢＰＳポイントの高さ、つまり退屈傾向の強さと暴飲暴食や甘いものへの強い欲求には相関性があるというものだった。

退屈にはまた、神経生物学的にも興味深い面がある。研究者らは、自動車事故などで外傷性の脳損傷を負った患者が、今までより強く退屈を感じるようになったという点に着目した。その特質は脳構造の特定の部分に直接結びつく。ある研究者は、退屈傾向の高さを〝自分がいる環境と有意義にインタラクションをする能力が不完全〟な状態だと説明している。

これらの観察をまとめると、意味を見出そうとする人間の能力に新たな光を当てることができる。誰もが退屈という名の流砂にのまれるが、外界からの刺激（あるいは自分自身の考え方）から、脳がどれだけ意味の感覚を生み出せるかによって、難易度は異なるが退屈から抜け出すことができる。意味を見出す、あるいは創り出すのが得意な人は常に刺激を受けている。それが得意でない人は退屈という苦痛を追い払うために、より強い刺激が必要になる。

退屈の発生も解消も、つまりは人間共通の現象だ。そして人間共通のものはたいてい、われわれの中で生物学的にコード化されており、要は進化によって生じたものだ。なぜ退屈が進化に組み入れられたかというと、次のような理由ではないだろうか。無慈悲な自然の中で生き残るのは困難なことで、やることのない状態でも満足して楽しめる、あるいは仕方なくとはいえ、やることがないまま過ごすような生物は、熱心に活動し続けるライバルに負けてしまう。やることがなくて退屈だという不快さ、それから活動する意味に心地良い感覚を得られる神経生理学的特性をもった有機体は、生存競争において優位だったのだ。この心理的なアメとムチのシステムにより、人間は新しいアイデアを思いつき、新しい場所を探検し、新しい手段を試し、新しい知識を学び、社交を求め、そのおかげで社会的な絆も強化された。つまり退屈と意味のシステムが、祖先が生き延びるために有利に働いていたという明確な説が生まれる。われわれは、存在意義を感じられることを進化——すなわち偶然と選択——に対して感謝しなければならないのだろう。

*

ある日、息子を小学校に迎えに行くと、クラスメートと一緒に校庭の砂場で遊んでいた。熱心に大きな穴を掘っていて、かなり長い間やっていたように見える。部外者にしてみればまるっきり無意味に思える行為だ。なぜ腰まで穴に入って、ひたすら掘り続けるのだろうか。他にまともな時間の使い方を思いつかないのか？

「やあ、きみたち」と声をかけつつ、私は子供たちの活動の選択を少し懸念してもいた。

「いったい何をしているんだい」

「大きな穴を掘ってるんだよ」一人が淡々と答えた。

なるほど。質問を誤解されてしまったようだ。言い方を変えよう。

「うん、それはわかるよ。でも何のために？」

子供たちは顔を見合わせ、私の馬鹿げた質問の意味が理解できないという様子だった。

しばらくして、穴の中からこんな声が聞こえた。

「穴をもっと大きくするためだよ！」

そして子供たちは、私の存在など忘れてさらに掘り続けた。

退屈の意味

意味というのはどの時点で生まれるのだろうか。われわれの大半にとって、何かを打診された瞬間に生まれるのではないだろうか。ある任務を進んで引き受けた時や、大切な人に助けを求められた時だ。自分で個人的な目標を設定した場合にも生まれるだろう。もっとも、その人にとっては意味のあることでも、他人には無意味に見えるボタン学かもしれない。私の場合、研究者としては〝細菌の小胞形成〟であり、作家としてはこの本を執筆することだ。意味とはすなわち、脳が魔法のように物事に意味を刻み込み、われわれを活動へと駆り立てるさいに生じるのだ。

意味はまた、自分の道を示してくれるようなアイデンティティを受け入れることでも生まれる。そのアイデンティティを維持するために努力を続けること、特定のルールに従ってこの世界で生きていくこと。意味は社会的なインタラクションからも生まれる。他の人が新たな洞察を得たり、高みに達したり、深い洞察を得たりして充実感を覚える時にも生まれる。

では意味の根源は？　それがどうやら退屈のようなのだ。そして退屈とは遍在するものなので、健康であるかぎり、ありがたいことに意味は常に生まれる。われわれがうまく機能するように、人間の脳はそんなふうに進化したのだ。

哲学者たちの退屈

神経科学者が退屈という現象に興味をもち始めたなら、退屈の意味を長年議論してきた哲学者から学ぶべきことは多い。ショーペンハウアーにとっては、苦痛と退屈は人間の幸福における最大の障害だった。片方から逃げても、もう一方にたどり着くだけ、〝貧困は苦痛を生み、裕福であれば退屈する〟ものなのだ。欲求にフォーカスしてしまうと、何をやっても不幸の両極――苦痛と退屈の間のどこかにいることになる。エゴイズムを手放すことだけが、この悲惨な状況から解放される道だった。

哲学者セーレン・キェルケゴール（一八一三〜一八五五）とマルティン・ハイデッガー（一八八九〜一九七六）もまた、退屈を真剣な哲学のテーマだと見做していた。現実を貫く力さえも秘めた、敬意を払うべき現象だと。キェルケゴールの考えでは、退屈は欲望の一種として機能するが、方向が反対である。人間に行動を促すが、惹きつけてではなく、遠ざけることで促す。なお、その洞察はまさに現代の研究結果と一致している。退屈が行動を促す強い効果は、まるで〝魔法のようだ〟とキェルケゴールは評している。

ハイデッガーのほうは〝退屈を追い払うのを拒否することは奇妙で、狂気に近いほどの欲求だ〟と書いている。まさにそれが、退屈が非常に強力である理由なのだろう。退屈の感覚を和らげようとせずに歓迎し、受け入れ、その状態に留まり、完全なる退屈に身をさらすという強烈な体験により、存在の本質に目が開かれる。この点は読者にとっても貴重な体験になるだろう。今度バス停でバスを待つ時は、スマホをいじる代わりに、退屈の大渦に身を投じ、存在の真の在り方を探してみるとよい。

カミュの不条理な英雄

退屈と意味の感覚の境界線を扱った思想家に、ノーベル賞受賞作家のアルベール・カミュ（一九一三〜一九六〇）がいる。スタイリッシュで頭脳明晰だが病弱でもあったフランス人カミュは、二十世紀最高の作家の一人だ。貧しいピエノワール――フランスの植民地であったアルジェリアに何世代も暮らしたフランス人入植者――の家庭に生まれ、父親は第一次世界大戦中にカミュが一歳になる前に戦死し、母親は読み書きのできない家政婦だった。そんな苦境にもかかわらず、若いカミュは学校で優秀な成績を収めた。熱意ある教師の配慮により、中学校卒業後も奨学金を受けて学業を続け、アルジェ大学を卒業した。

第二次世界大戦が始まらなければ、話はそこで終わっていただろう。若きフランス系アルジェリア人カミュはパリで入隊を志願したが、結核を理由に拒否される。そこでドイツ占領下のパリでレジスタンス運動に参加、非合法誌『コンバ』の編集長を引き継ぐことになる。ファシストの占領者への抵抗を呼びかける激烈な記事を偽名で執筆し、同誌はまもなくフランスで最も読まれる新聞の一つになった。当時ドイツに身元を割り出されていたら、頭に銃弾を撃ち込まれて人生を終えていただろう。

戦前からカミュはかつてニーチェも挑んだように、**不条理な条件**への合理的なアプローチを探そうとしていた。われわれは、人間が存在してもしなくても気にも留めない宇宙という場所で偶然生まれた存在、つまり意識がありながらも根本的に無意味な状態に生きる有機体なのだ。

カミュによれば、まずやらなければならないのは、このような前提のもとでも人生が生きるに値するかどうかを決めることだという。〝真に深刻な哲学的問題はただ一つ、それは自殺だ〟と『シーシュポスの神話』（一九四二）の冒頭にも書いている。答えが「はい、人生には生きる価値があります」ならば、〝この世の繊細な無関心〟を理解しても、憂鬱よりも解放を感じるだろう。自分だけが人生の主であり、生あるうちに人生を満喫することで存在の不条理さを克服しなければならない。誠心誠意の人生――存在を肯定しつつも、同胞に不正を犯したり不正を容認したりすることを拒否する人生（〝犠牲者も否、死刑執行人も否〟）――は、天から報酬をもらわずとも意味のあるものだ。

〝不条理への対抗力になるのは、人々が共に不条理と闘うことだ〟ともカミュは書いている。何もかも反乱に結びつけるのは典型的なフランス人ではあるが、カミュの哲学には驚くほど美しい心理的深みがある。外界との交流に意味があると感じられれば、われわれが身を置くメタ無意味な状態を補える。カミュは退屈感志向スケールで非常にスコアが低かったにちがいない。

カミュにとっての〝不条理な英雄〟はギリシャ神話に登場するシーシュポスだ。シーシュポスは神々の命に従わなかったせいで冥府に生きることを余儀なくされるが、なんとか逃げ出し、元の世界に戻って、〝輝く海とこの世の笑み〟を楽しむ生活を送る。しかし幸せは長く続かず、再び捕らえられた。反抗的な反逆者への見せしめのために、神々はシーシュポスに恐ろしい罰を与える。無意味の極みだとしか思えない義務を課したのだ。毎日山の上まで重い岩を転がして運ばされ、頂上に着くとすぐに岩が転がり落ちるのを目にする。それが永遠に繰り返される。しかしカミュによれば、生きる喜びに溢れたシーシュポスはこんな任務にさえ意味を見出すのだ。〝頂上を目指すこと自体が、人の心を満たすに値する〟

取るに足らないことにも意味を見出す――苦々しくではなく、誠心誠意やることによって。任務はシーシュポスにとって救いとなり、耐え難い退屈から逃亡する手段でもあった。経験を否定しないことが、あらゆる無意味さに対する反逆でもある。〝シーシュポスは幸せだと想像しなくては〟――カミュは作品をそう締めくくっている。人生の意味は人生の旅そのものにある――作家はそう言いたかったのだろう。

人生の意味

思想史を見渡すと、哲学者個人の精神状態が人生観の基礎を築いたことに気づかされる。ソクラテスが快楽主義のキュレネ派になることはありえなかっただろう。それは彼の道徳観に反するからだ。〝生涯を通じて幸福であることを保証する知恵、それが与えてくれる手段のうち、断然重要なのは友情である〟と書いたエピクロスは、ショーペンハウアーの孤独な哲学を受け入れることはできなかっただろう。それぞれの異なる人生観を、ストリンドベリのボタン学に落とし込んで対比させてみよう。無人島で一から人生をスタートさせる場合、どう生きれば意味のある人生を送れるのだろうか。

ソクラテスならば、ボタン学など人生の無駄だと考えただろう。倫理的に熟考を重ね、その分野での自己改善に専念しないような人生には生きる価値がない。アリストテレスならばもう少し好意的だったかもしれない。ボタン学は（それが〝くだらないもの〟の探求であっても）合理的な思考に専念しているわけで、幸せな生き方を達成できている。キュニコス派は教授の地位といった従来型の地位を追求することを良しとしなかっただろう。何の深みもない凡庸なキャラクターだと言って切り捨てたはずだ。ストア派ならボタン学がボタンを分類するだけでなく、人生において逃れられない要素に直面した時の回復力を鍛えてほしいと望んだだろう。エピクロス派ならば、そこに節度があり、喜びを与え、不安を和らげてくれるなら、彼のライフワークは意味のあるものだと考えたはずだ。キュレネ派にとってはボタン学など時間の無駄でしかない。それより、パーティーはいつ始まるんだ？

スピノザならばボタン学は永遠にボタン学以外の何物でもなく、それを悟っているかぎりは自由である。ショーペンハウアーは教授をあわれんだことだろう。意志の力にとり憑かれていては、どうやってこの世と一体になるのか。一方ニーチェなら正直に意志を貫き、人生の中で上を目指すことに意味を見出しただろう。カミュはボタン学に反逆者の精神を見出す――教授はシーシュポスのように幸せな人間であり、それ自体が目的となるような任務に専念することで、不条理な前提の中をも進む。そして神経科学者ならドライに、ボタン学は退屈をまぎらわせるもので、作業に刺激を求めるという行動は進化の中で組み込まれたものだと結論づけるだろう。

どの学派に共感するかは個人の好みによる。人生の意味を考えるさいに、これだけ選択の余地があるのはありがたいことだ。

第二章

人間の道徳はどこから生まれるのか

Where does human morality come from?

ラスコーリニコフの罪

一八六五年に後の傑作となる『罪と罰』の構想を練り始めた頃、フョードル・ドストエフスキーは経済的に困窮していた。賭博にのめり込んだせいで自己破産の危機に瀕していた上に、前年には妻と兄がほぼ同時期に亡くなり、金欠のドストエフスキーが大家族唯一の稼ぎ手となった。彼は金に困って出版社の編集者に泣きつき、短編小説の原稿料の前払いを求めた。現代的で奇妙な考えに耽《ふけ》り、破滅的になる若者を描いた短編小説で、ドストエフスキーが予測したとおり、そのシノプシスは保守的な出版社を魅了した。

しかし作家が短絡的に金を手に入れようとすると、プロジェクトがおかしな方向に進んでしまうことが多い。ドストエフスキーもすぐに、自分が扱いたいテーマ、つまり罪悪感の心理的側面を描くには予定よりはるかに多くのページが必要だと気づいた。そして『罪と罰』は当初意図されていた短編ではなく、文学界を代表する長編小説になった。道徳という問題において相反する人間の本能を深く洞察するのは、数ページごときでは不可能なのだ。

この小説のあらすじはよく知られている。優秀な学生ラスコーリニコフは、選ばれし非凡人ならば法やルールに反しても構わないという斬新な考えに夢中になり、貪欲な質屋の老婆を殺害して金を奪うことにする。その行為には二つの目的があった。選ばれた非凡人だと思っている自分自身の金銭問題を解決すること、そして貪欲で邪悪な高利貸しをこの世から消し去ること。ドストエフスキーが『罪と罰』の中で攻撃したのは、現代的な虚無主義そして功利主義的な思想体系だった。

盗んだ斧を手に、ラスコーリニコフは老婆を訪ねる。しばらくためらったものの、結局は老婆を乱暴に殴り殺し、そこを老婆の義妹に見つかって彼女のことも殺してしまう。ラスコーリニコフはショック状態のまま逃げ出し、誰にも見られずに帰宅する。どうやら罪を免《まぬか》れたようだった。

しかし、その後の展開は青年が想像していたのとは異なり、罪悪感に追いたてられ、次第に精神を病んでいく。劇的な紆余曲折を経て――時には自分を正当化し、時には罪を償おうとするが――ラスコーリニコフは殺人を自白し、シベリアでの懲役刑を宣告される。

最後は苦悩する主人公にとって肯定的なカタルシスで終わる。不正を犯したことで湧き出る、身を切られるような罪悪感。非凡人は支配権をもつという高尚な哲学でさえ、ラスコーリニコフの良心を無感覚にすることはなかった。精神的な重荷からやっと解放されたのは、罪を認めて懲罰を受けた時で、正直な者は人間としての義務から逃れることはできないということだ。

しかし不正を働いた後にこれほど重い罪悪感を覚える原因は何だろうか。人間の普遍的な部分はたいてい進化の結果だというのはすでに述べたが、ラスコーリニコフが本能的に罪悪感にさいなまれたことにどんな進化上のメリットがあったのだろうか。

天における道徳

何が自分のため、相手のため、ひいては社会集団や社会全体のために良いのか。目的を達成するためにそれぞれが役割を担っているなら、どう分配するのが公平なのか。あわれみと正義ならどちらが重いのか。どういう状況であれば極端な行動も正当化されるのか。邪悪な選択肢が二つある場合、どちらかがまだましだという正当性は？　行動の短期的な影響と長期的な影響、どちらを重視すべきか。ゼロサムゲームにおいては誰の利益を尊重するのか。道徳的なジレンマに内在する利益の相反を、常に積極的に査定していかなければいけない。だからこそこれらの問いにも相反する意見が生じるのだ。

こういった価値観をいかにうまく定義するかは、人類にとって永遠の課題だ。人生の意味と同じく、歴史的には宗教上の答えがうまく機能してきた。

「同性愛は道徳的に間違っている」

「なぜ？」

「聖なる書『X』にそう書いてあるから。神Zがそう決めたのだ」

「オッケー！」

大多数の人間は良くも悪くも、何世紀にもわたってそんな理論を受け入れてきた。たとえば宗教が慈善活動を奨励してきたおかげで、そうでもなければ自分の富を他人に分け与えようとは思わない人々も寛大になった。人間が道徳心を得た経緯については、宗教上の物語もある。有名なアダムとイブ、そしてリンゴの話だ。神の意図については他にも数え切れないほど神学上の議論が交わされ、さまざまな立場から解釈や論理的議論が提示されてきた。このようにして宗教知識人は倫理に関する問いの議論を深めてきたのだ。

宗教芸術家もこの問いに多大な貢献を行ってきた。ドストエフスキーは敬虔なキリスト教徒で、キリスト教の道徳の影響が文章に表れている。ドストエフスキーのもう一つの傑作『カラマーゾフの兄弟』では、人間の法と正義は価値を欠いているという点が主要なテーマとなっている。罪を犯した者は心から悔い改め、科せられた懲罰に関係なく罪を償おうとする。あるいは悔い改めず、罰はただ恨みとさらなる犯罪を喚起するだけ。いずれにせよドストエフスキーにとって、俗世の法律は望ましい効果を欠いている。人間を正しい道に戻せるのは、神の前で感じる道徳的〝罪悪感〟だけ、それに人間の裁判とは異なり、神は間違いを犯さない。ドストエフスキー自身、若い頃に社会主義研究サークルに参加したことで皇帝の秘密警察に逮捕され、投獄され、模擬死刑を体験させられた。そのことが俗世の法律への嫌悪につながり、神への信仰に大きな影響を与えたのかもしれない。知ってのとおり、人間は銃殺刑が中止になるという経験をしなくても宗教心をもつのだから。

宗教上の道徳に関してもう一つ興味深いのが、主要な戒《いまし》め（殺してはならない、盗んではならない、欺いてはならない、等々）がほぼどの信仰においても——世界のどの地域で発生したかにかかわらず——共通していることだ。ということは、これらの法には人間にとって普遍的な要素を含む可能性があり、進化の観点から考えてみる価値がある。

徳倫理学

すでにプラトンの初期の対話篇『エウテュプロン』で、ソクラテスは善が善いものであるのは神がそう決めたからなのか（道徳とは無作為な存在）、それとも神は何が善いのかを伝えているだけなのか（道徳とは神と無関係な存在）と尋ねている。ソクラテスのように道徳の源が天にあるとは考えなかった他の思想家たちも、何千年もの間、正しい行動と正しくない行動を合理的に決めようとしてきた。道徳哲学の中の規範倫理学では三つの主要な見地が定義されている。

一つは徳倫理学で、代表的なのがアリストテレスだ。徳倫理学が他と一線を画するのが、絶対的命令ではなく個人の性格が出発点となっていることだ。徳のある者は――徳の定義はさておき――教養と知恵によって磨かれたその名誉ある特質によって、どんな問いであれ、何が正しくて何が正しくないのかを、あらかじめ決められたルールに拠らずとも判断できる。この徳倫理学はストア派およびエピクロス派の基本要素となった。なお、古代ギリシャでは、**アレテ**という言葉が徳、優秀さ、そして道徳的な卓越を表す言葉として使用されたが、哲学者によってその言葉がどう定義されたかは後述する。

カントの合理性

二つめの道徳的アプローチは義務論で、感情の生き物である人間は、正しい道徳的決定を行うことができないとしている。短絡的に良いと感じるほうに常に誘われてしまうからだ。この問題を解決するには、義務や倫理的なルールを合理的に決定してから、それに従って行動するしかない。たとえば人を殺すことは正しくないという前提を受け入れているかぎり、貧しい人々を搾取する貪欲な質屋を殺すことも絶対に許されない。したがって厳密な意味では、大量殺戮を行う血に飢えた専制君主を殺めてもいけないことになる。啓蒙哲学者のイマヌエル・カント（一七二四〜一八〇四）はこの義務論を代表する人物で、最も有名なのが定言命法だ。〝あなたの意志の格律が常に同時に普遍的な法の原理として妥当するように行動せよ〟道徳的に正しいことというのは、全員がそれを実行した場合にのみ機能する。つまり約束を守る、列に割って入らないといったことで、知ってのとおりドイツ人は秩序を好む。

帰結主義

義務論と対立する道徳的アプローチが帰結主義だ。行為の道徳的価値はその意図ではなく結果によって決まるという主張で、ジェレミ・ベンサム（一七四八〜一八三二）とジョン・スチュアート・ミル（一八〇六〜一八七三）が提唱した功利主義哲学が典型的な例だ。一言で言うと**最大多数の最大幸福**に集約される。極端に急進的な功利主義者以外に、卑劣な高利貸しなど殺害してもかまわないと主張する者はいない。とはいえ、この学派はそれがグループ全体、社会、人類全体に益をもたらすならば個人にとっての最善を無視する、あるいは正しいことさえも無視するのを良しとする面がある。帰結主義によれば、多くの貧しい人の医療の資金源にするために、少数の富める人に課税することは道徳的に正しい。つまりはイギリスの実用主義だ。

このように道徳についてはさまざまな古典的な考え方が存在する。そして、異なった見解が存在することで、ある重要な哲学的ジレンマが浮き彫りになる。多くの思想家を魅了し分析を試みさせたそのジレンマとは、道徳は外からくるのか、内からくるのかというものだ。つまり道徳とは学習し、合理的に考えた方向性なのか、生まれもった本能から生じる行動なのか。哲学の世界では、道徳は合理主義なのか感情主義なのかという論争になる。合理主義は人は正しい行動を自分で考え出すとし、感情主義は何が正しくて何が間違っているかを本能的に感じるというものだ。

贈り物そして知識としての道徳

この議論はソクラテスとプラトンの時代にまで遡ることができる（二人はその表現を使っていないとはいえ）。なおソクラテスは自分では何も書き残していないので、彼の思想やイデアの主な情報源はプラトンだ。そのためどれがソクラテスの考えで、どれがプラトンの考えなのかは判断がつきかねることがある。古代史の専門家は、とりわけ後期の対話はソクラテスというキャラクターがプラトン自身の哲学を代弁していると見ている。どこでソクラテスが終わり、どこでプラトンが始まるのかは見分けがつかないため、〝ソクラテスあるいはプラトン〟という表現を使うのが正しいだろう。スピノザが〝神あるいは自然〟という表現を使ったように。

プラトンの対話に道徳の起源の答えを探すなら、〝ソクラテスあるいはプラトン〟の分析が一貫していないことに気づくだろう。対話篇『メノン』では**アレテ**が神からの贈り物として特定の人々に贈られるとしている。つまり、教えることはできないという意味だ。その証拠として、人間としてすぐれた人物の息子がそうではない例を挙げている。アレテが外から得られるものならば、息子はなぜ父親から学ばなかったのか？

しかし『プロタゴラス』の対話の中では、〝ソクラテスあるいはプラトン〟が逆にアレテは知識であり、つまり道徳は外からくるとしている。理性的な人間は誰も自分に害を及ぼしたくないが、正しくない行為は罪悪感、恥をかく、自分の魂を汚すという形で害を及ぼすものだから、故意に不正を行うことはけっしてない（しかしここは哲学者の人生経験を疑ってしまう。目標を達成するために他人に不正を働く人間を一度も見たことがないなんて！）。〝ソクラテスあるいはプラトン〟は『ソクラテスの弁明』の中でも、道徳は外から獲得されるものだと主張した。意味のある人生は思考そして道徳的な自己改善に捧げられるべき――これは明らかに道徳的合理主義の兆候だ。

アリストテレスの盗人

アリストテレスはいつものごとく、このテーマにも冷静なアプローチをとった。人間の魂には非合理的な、いやそれだけでなく道徳的に不当な欲望と願望の両方が存在するが、教育と実践的な知恵によって理性的にそれらを従わせることができる（ニーチェならきっとアリストテレスを自己欺瞞だと非難しただろう）。道徳的に最も優れているのは何かを盗みたいとは望まない者であり、その次に盗みたいが合理的にそれが間違っているとわかっているからやめておく者、それから盗むが自分が不正を働いたことをわかっている者だ。そして道徳的に最も恥ずべきなのは何かを盗んでも間違ったことをしたとは感じない者だ。アリストテレスはつまり、道徳的行動には内在する要素、あるいは生まれもった要素が影響するが、それを教育や理性、実践的な知恵である**フロネシス**によって磨くことができるとした。

ヒュームの道徳感情

このように古代以降、道徳的行動においては理性が非常に重要だと考えられ、思想史を代表する思想家の多くがさまざまな方法で道徳的合理主義を広めてきた。ニーチェやカントもその一人だ。デイヴィッド・ヒューム（一七一一〜一七七六）はそれに対立する道徳的感情主義を代表する啓蒙哲学者で、十代でストア派の思想に魅了され、偉大なる古代ストア派のキケロ、セネカの作品に心酔し、友人に宛てた手紙の中でも称賛している。ヒュームは自分の気性、意志、理性、分別を向上させることに専念し、〝死、貧困、恥、その他の人生の悲惨さについて絶えず洞察することで自分を強めた〟としている。

しかし自分を鍛える試みは見事失敗に終わり、ヒュームは何年も身体の不調と神経衰弱に苦しむことになる。現在われわれが精神的疲労による重度のうつ病と呼ぶ状態から回復した後にはストア派の厳格な教えを捨て、内省そして原始的な科学的手法に近いものを使って、人間の本質について新しい理論を発展させた。

古典『人間本性論』(一七三九)の有名な一節で、ヒュームは〝理性は情念の奴隷で、そうあるべきであり、情念に奉仕し従う以外はけっしてできない〟としている。感情だけが人間を行動に駆り立てることができ、多くの人にとって神聖な理性が、ここでは感情が〝決定〟したことを実行するだけの二次的な役割に降格されている。ヒュームは、感情を人間の本質の中心に据えた最初の哲学者だった。

ヒュームの哲学では、人間の合理性が感情のエネルギーによってスイッチをオンにしたり方向を決めたりできるスポットライトにたとえられる。希望を感じればスポットライトはその方向に向けられ、絶望を感じれば別の方向に向けられる。感情による方向性とパワーなくしては理性など役に立たない。われわれ人間は単に感情の存在であり、行動は自分を満たす情念に支配されるのだ。

ヒュームは自分の理論を、オランダの哲学者バーナード・デ・マンデヴィル（一六七〇〜一七三三）に部分的に反論する形で発展させた。マンデヴィルは、道徳に関して一風変わった解釈をしている。先史時代に為政者が悪巧みをして、統治しやすいように道徳をつくり上げ、人々に押しつけたというものだ。言い換えれば、道徳など完全に社会構造だということだ。このアプローチはもちろん新しいものではなく、キュレネ派がマンデヴィルの道徳理論に二千年近くも先んじている。マンデヴィルはそこからさらに一歩進んで、人間はそもそも良心などもたないとした。マンデヴィルにラスコーリニコフが破滅した理由を説明してくれと頼めば、間違いなく興味深い議論が生まれたであろう。

ヒュームはマンデヴィルの哲学を別の面では高く評価していたが、人間の道徳に関しては完全に間違っているとした。痛みや喜びの感情が湧くと、人間は本能的に道徳的な区別を行う、つまり道徳とは判断の問題ではなく感情の問題であると考えたのだ。それにこういった感情は政治家や他人によって生み出されるものではなく、自分たちが元来生まれもったものである。それは柔和さ、善良さ、寛大さ、優しさ、節度、公正さといった美徳に従って物事を見つめ、行動することで充足を感じる何かで、心地が良ければ正しい、気分が悪ければ間違っていると感じるもののことだ。こうやってR＆Bでもよく知られる戒め〝あなたを愛することが間違っているなら、正しくなどありたくない（ルーサー・イングラムの代表曲のタイトル）〟の基礎を築いたのだ。
ヒュームは特に同情に道徳感情の主要な位置を与えた。ひどい扱いを受けている人に同情するという感情は多くの場合、何が道徳的に間違っているのか、理由を考え抜く必要もない。もっとも、ヒュームは誇り、恥、愛、憎しみなど、同情以外の感情も道徳的な価値観に影響を与えていると指摘している。人間の行動が世間の賞賛や非難、それに自分の評判が気になるといったことにいかに影響されるかを鋭く描写したのだ。こういった要素――同情、そして他人から善良であると思われたい衝動については、進化学の研究でわかった道徳の起源について論じる時にも取り上げたいと思う。

*

おれがこの人生を選んだわけじゃない。人生がおれを選んだんだ。
自分の行動に道徳的な矛盾を感じるのは、ラスコーリニコフの時代から変わっていない。偉大なる現代詩人そしてラッパーのジェイ・Zは『祈り』(二〇〇七)の中で、ブルックリンの暴力はびこる貧しいマーシー団地で過ごした青春時代をこう振り返っている。

ホームルームに向かう間

廃墟を見つめている
ヘロインの注射器が地面に落ちている

車のエンジンがいい音を立てる
ルーフを下ろしたＢＭＷ
その中にはドラッグディーラー

女の子たちがくすくす笑い
おれは「なぜ笑う」と訊いた
「まだあんたは小さいからね」

「いつか大人の男になれば、
あんたにもわかる
どんなことをしなきゃいけないのか」

早送りして、おれのピストルのアップで一時停止

手にはドル札の束、無知であることは祝福だ

おれがこの人生を選んだわけじゃない。この人生がおれを選んだんだ

ここじゃこうやって生きるしかない

チーム「道徳的合理主義」であっても、チーム「道徳感情主義」であっても、環境が道徳的行動に大きく影響を与えるというのは誰もが同意するところだろう。荒れた貧困地区でまともな機会も与えられず、ロールモデルになるような大人もいないという生い立ちが、人間の普遍的な欲求である地位や金への欲求とも相まって、ジェイ・Zに若くしてドラッグを売らせるに至った。一方で、彼はラスコーリニコフと同じように、自分の責任や罪悪感を自覚してもいた。〝悪い売人なのか、被害者なのか／どっちが先だ？／……／卵かニワトリか〟

弾圧されたり、飢えたり、抑圧されている人々はどんな神、理性、道徳的感覚、あるいはフロネシスをもっていても、道徳的に正しい決定を下すことが難しくなる。ドイツの作家ベルトルト・ブレヒトも〝まず食べ物、それから道徳〟と、同じような考えを示している。それは極限の体験ともつなげることができる。ポーランドの作家グスタフ・ヘルリン

ク＝グルジンスキはソ連の収容所で過ごした地獄のような日々を〝人間は、人間らしい状況下でのみ人間であることができる〟と振り返っている。

このように思想史を見返してみると、道徳の起源に関する考え方がまとまってくる。道徳は神から下されたものであり、合理的な推論と知識により導かれるものであり、本能的な感情反応であり、社会的および文化的慣習によって生じるものであり、われわれが身を置く環境にも左右されるものである。これらの起因は必ずしも打ち消し合うわけではなく、何らかの道徳的状況を考えてみても、複数の議論に正当性を見出すことができるだろう。そしてここ数十年は進化学の研究者もこのテーマに取り組み、実験によって答えを探そうとしている。現段階の研究結果が正しければ、人間の道徳の物語は意外にも果樹の地理的分布の変化から始まったようだ。

道徳的な子供たち

〝社会は道徳の観念なしでは発展しなかった。蜂の本能がなければ蜂の巣ができなかったように〟一八三八年、二十九歳のチャールズ・ダーウィンは日記にこう走り書きをした。このたとえは感動的ですらある。昆虫が社会を築くのに本能が欠かせないのと同じように、人間が一緒に暮らすためには道徳が必要——これは鍵となる洞察で、人間の道徳を研究する進化心理学者の多くも、道徳は人間が群れで暮らす生き物であることに密接に関係しているのを確信している。人間が単独で生きられるなら、道徳など必要なかった。一方で、群れで暮らしていても人間が言うところの道徳的な行動をとらない動物の種も数えきれないほどある。つまりこの科学的謎は二段階になっている。人間には生まれもった道徳的本能があるのか。だとすればなぜそれが進化の過程で発生したのか。

マイケル・トマセロはこのテーマに研究キャリアを捧げたアメリカ人の進化心理学者で、彼の理論は非常に説得力がある。進化のプロセス、つまり自然が多様なバージョンを生み、環境がどのバージョンが生き延びて繁殖するかを決定づけることが、人間という種に本能としての道徳観をもたらしたとしているのだ。

不可能なことは何もない仮想世界で研究ができるなら、先史時代の類人猿を過去から呼び寄せて行動実験を行い、人間と比較してどれほど〝道徳的〟に行動するのかを観察しただろう。それにより、いつ、どこで、そしてどのように進化の過程で類人猿に道徳的本能が芽生えたのかを明らかにできたかもしれない。しかしそれは不可能なので、トマセロのような研究者は生物学的に近い親戚であるチンパンジーの行動研究を行い、生後六カ月から三十六カ月の人間の子供と比較を行った。その年齢の幼い子供なら、学習された行動よりも生まれもった本能に従って行動すると思われるからだ。

研究者らは実験を重ねた末に、人間の子供はチンパンジーとは異なり、他人に対して大きな同情心を、そして意地悪な行動をする人には嫌悪感を生まれつきもっていることが明確に示された。たとえば発達心理学者セリア・ブラウネルの研究グループは、幼い子供たち（十八〜三十カ月）が凍えている演技をする役者に自分の毛布を与えるというような、自分を犠牲にして他人を助ける行動を取るのを確認した。心理学者ポール・ブルームの研究グループはブロックによる劇のシナリオをつくり、三カ月の赤ん坊がどのブロックをどのくらい長く見つめるかを観察した。ブロックの中には他のブロックを乱暴に倒すものもあれば、別のブロックが積み上がるのを助けるブロックもあった。その結果、子供たちはしばしば〝意地悪な〟ブロックを見つめるのを避けた。研究者たちはそれにより、赤ん坊が反社会的な行動に対してもつ嫌悪感は、生まれもった本能であると解釈した。トマセロの研究グループが行った別の実験では、三歳児が他人に対してひどい態度をとる役者を助けるのを拒否した。同じグループによるまた別の研究で、瞳孔の開き具合で感情的な興奮を推定し、二歳児でも他人を助けることに喜びを感じることが判明した。

同情を感じたり、向社会的な行動（他者や他の集団に利益を与える意図でなされる行動）に魅かれたりすることに加え、人間の子供には生まれもった正義感があるという明らかな示唆もある。たとえばグループで一緒に課題に取り組んだのに、一人だけにご褒美が与えられた場合、ご褒美をもらった子供はそれを仲間と共有することが実験で観察されている。ただしこれは全員で協力した場合のみで、タダ乗りをした子供ははるかに少ない分け前しかもらえないことが多い。さらに研究者らは、幼い子供が合意を破った仲間に抗議する様子も確認している。子供は自分が不当な扱いを受けていると感じとることで、不正に気づくことができる。私の個人的な経験では（多くの人が共感してくれると思うが）不正行為を目撃した時には脳内の合理的思考プロセスを経ずに、怒りや憎しみ、嫌悪が湧く前にはもう、原始的で理性を欠いたような感情が巻き起こる。この本能的な反応はいつの時代にも、劇作家や脚本家によって芸術の手段として使われ、観客や読者を感情的に話に引き込んできた。誰しも、悪者の極悪非道な行為に激しい憤りを感じた覚えがあるはずだ。これほど強い、非合理的な反応はもちろん生まれもったものにちがいないと思うが、どうなのだろうか。

意地悪な人に対する嫌悪感、親切な人への好意、そして正義探知機のようなものに加えて、三歳の子供は罪悪感を覚えるという能力もかなり強く発達させている。ある研究では、二歳児は自分が傷つけてしまった相手を慰めようとした（同情）だけだったが、三歳児になると後悔の念を表し、損害を修復しようとした（罪悪感）。これは人間が胚から大人になるまでの精神的発達（科学用語では個体発生）に合わせて自制心や自己調整という本能を進化させてきたと解釈することができる。われわれが覚える罪悪感は思いつきではないし、合理的に切り捨てられるものでもない。ラスコーリニコフにも訊いてみればいい。人間が道徳的な行動と呼ぶものの基礎はつまり、非常に早い段階から備わっていた――おそらく生物的にプログラミングされ、感情に根ざしたものである（ヒュームに拍手！）。

となると次の問いは、こういった直感がなぜ、どのように生じたのかだ。トマセロによれば、人間の道徳的行動は同情と公平感という二種類の感情からきていて、それはどちらも生まれもった基本的本能に根差している。

進化の背景に関するトマセロの説は非常に興味深い。われわれの祖先でもあり人間に似た類人猿はもともと、現在チンパンジーやゴリラが形成している社会のように、ヒエラルキーによる支配の中で暮らしていた。しかし約二百万年前にアフリカの気候が変化し、類人猿が暮らしていた環境内にある一部の樹木の生長にとって不利になってしまった。木に実る果物が彼らの食生活の主食だったのに、それがサバンナから消えてしまったのだ。そこで非常に強い選択圧力、つまり自然選択を促す条件が生まれてしまい、大多数が死滅したはずだ。生き残るための唯一の方法は、グループでより大きな獲物を狩るか、ライオンなど大型の捕食動物から獲物を盗むことだった。しかしそれは複数で効率的に協力した時にのみ可能で、トマセロはここで**相互依存理論**と名づけた理論を提示する。われわれの祖先はチンパンジーとは異なり、食べ物を手に入れるために完全に相互依存するようになったというものだ。そしていちばんうまく協力できた者が生き残った。

ヒュームが仮定したように動物の本能的な行動は感情に突き動かされていて、大型動物の最も強い生物学的衝動の一つに子孫に同情を示すというものがある。もっとも、他の特性もそうであるように、この能力にも同じグループ内で個人ごとに自然なばらつきがある。われわれの祖先である類人猿のグループでも同情が混乱を起こし、脱線し、他の大人や他人の子供、同種の仲間など、広範囲に同情を向け始める者がいたようだ。進化心理学者が考えるに、そういった個体のほうが生きるために集団で協力しなければいけない新しい生態系においてもうまくやっていけた。食べ物を手に入れるために、依存する相手と感情的な絆を築いておくことで、困窮した時に助け合える。怪我をした友人を放置して死なせない、というように。感情でつながることによりグループは強くなり、集団としてレベルが上がることで個人が生き残る可能性も高まる。つまり同情を強く感じる人こそ子供を多くもつことができたのだ。

あわれみと正義

〝同情は道徳の基礎である〟とショーペンハウアーも書いたし、ほとんどの進化心理学者がそれに同意している。同情を感じられるかどうかが道徳の成長に決定的な役割を果たしたのだ。しかし道徳的な枠組みが構築されるには、他の要素も必要だった。たとえば、公平感はどのようにして生まれたのだろうか。

著書『道徳の自然誌』（二〇一六）の中でトマセロは、公平感に関与する複雑な心理メカニズムがどのように生まれたのか、高度な段階的モデルを発展させた。こちらは〝同情が混乱を起こし、脱線した〟という説明よりずっと複雑で、トマセロによるとこの進化が進んだ要因は主に二つあり、それが**パートナー選択**と**パートナー制御**だった。まずはパートナー選択のほうから説明すると、すでに書いたように、腹を空かせた類人猿は餓死しないために他の人から狩りのパートナーに選ばれることに依存しており、それは相互依存だった。その第一段階は、協力グループから反社会的な傾向をもつ個人を排除するというものだ。利己的に獲物をすべて自分のものにしようとした者は、次の狩りには参加させてもらえず、結果的に餓死してしまう。つまり、自分を抑えることのできない個人を選択して排除するという、向社会的行動を促す選択圧力があった。

かといってちょっとした失態を犯すたびに仲間を追い出していては、持続可能ではない。そこでパートナー選択以外のことが必要になった。それが、誰かが越えてはならない一線を越えたり、共通の合意に違反したりした場合に、互いに叱責したり叱責されたりすることだった。この合意はとりたてて知的なレベルではなく、〝みんなで一緒にやり、その後公平に分配する〟という程度のものだが、これがパートナー制御と呼ばれる。

類人猿は高度な言語能力を欠いてはいたが、共同で狩りをするさいにはコミュニケーションを取らなければいけなかった。狩りのメンバーはそれぞれ違った役割を与えられる。一人は待ち受ける狩人のほうに動物を追いやり、別の者は仲間がライオンの獲物を盗めるようにライオンを追い払う。トマセロはこれを抽象的な道徳思考における初期の選択圧力だとしている。グループの中でそれぞれ違った役目を引き受け、自分自身を**自分たち**というグループの中に見出せるかどうかにかかっていたのだ。

〝自分たち〟という感覚は心理的にも興味深く、研究が進んでいる。友人たちと映画を観ている時に急に一人が携帯電話を取り出してニュースを読み始めたとする。そのさいに湧き起こる苛立ちは、仲間が〝自分たち〟つまり共通のコミットメントから出ていったと感じるせいだ。私の一歳の娘ですら、一緒に遊んでいる最中に私が携帯電話を取り出すと、私の頭を摑んでおもちゃのほうに向けようとする。「ちょっと！　今は一緒に遊んでいるんだから」とでも言いたげだ。これは典型的なパートナー制御の行動で、他の幼い子供の実験でも観察されている。ここで興味深いのはこの行動が合理的なものではなく、むしろ感覚、そして直感に根差していることだ（再度ヒュームに拍手！）。

グループ内での巧みな協力に生存がかかっている場合、〝自分たち〟の一員であると感じる心理的能力があったほうが都合が良かった。なぜかこの能力をもって生まれた個人は、進化上有利だったわけだ。トマセロは、他人の状況に身を置く能力（よく考えると実に抽象的な能力だ）、要は共感力が〝自分たち〟という概念から生まれたのではないかとしている。みんなで倒した獲物を、ある仲間だけが独り占めしてしまったらどんな気持ちになるだろうか。嬉しいわけはないだろう。だからこそ、みんなで狩った獲物を自分が独り占めするのも間違っている、ということになる。

自分や仲間が不当な行動をしたことを察知でき、自分の中にある極めて利己的な衝動を抑え、間違ったことをした場合には罪悪感と恥を覚えることができる人が評価され、良い評判を得て、パートナーに選ばれ、食べ物や子孫を手にすることができる。時が経つにつれ、この進化のプロセスによって類人猿はヒエラルキー支配から協力重視の群れへと移行していった。こういった社会では善意と正しい行いが、利己的な支配（協力を阻害するもの）よりも個人の生存に寄与したのだ。類人猿は攻撃性が和らぎ、利他的になった。自分が不当に扱われたのを理解すること、そして他人を不当に扱わない良心をもっていることが進化的に功を奏したのだ。

人間がもって生まれた道徳観を進化の過程に結びつけた研究者はトマセロだけではない。道徳観の発達に〝脱線した同情〟、パートナー選択そしてパートナー制御が重要だったというのは、進化心理学者の大半が合意していることだ。もっとも、ネガティビティバイアスなのかポジティビティバイアスなのか（意地悪な人を避けるのか、親切な人に引き寄せられるのか）、パートナー選択とパートナー制御が主な原動力だったのかという点については意見が分かれている。それでも大枠ではコンセンサスが得られている。人間の道徳の発展においては確実に進化が主要な要素だった。つまり進化心理学者によれば、マンデヴィルのように道徳は完全に社会構造だと主張する哲学理論は誤りであり、そこは私も同意見だ。

〝自分たち対あいつら〟

ここまではいいとして、人間がこれほど強い同情や正義といった本能を生まれつきもっているなら、なぜ定期的にグループに分かれては殺し合うのだろうか。その点についてトマセロは、**内集団と外集団の心理**、いわゆる〝自分たち対あいつら〟という考え方が初期の進化に関係しているせいだと言う。類人猿の数が増えると小さなグループに分かれていき、グループ同士つまり部族同士で食料や場所を巡って対立するようになった。おそらくこの段階でさまざまな（非常に原始的な）プロトカルチャーが発生したのだろう。進化の過程では種全体の益になっていた道徳的行動が、その頃になると自分のグループだけの益になった。生き延びられるかは内集団の強化によって保障されるのであって、川の対岸にいる競合部族のためにエネルギーを浪費したりはしない。忠誠心やグループへの順応はこの段階で発達し、選択されたのではないか。社会に不誠実なメンバーや絶えず調和を乱すメンバーの居場所はなかった。

突拍子もない理論に思えるかもしれないが、内集団と外集団の心理というのは、認められている心理的行動パターンの中で最も強いものの一つだ。実験で子供たちをグループに分けて異なる色のTシャツを着せただけで、同じ色のTシャツの子供に対しては親切に行動し、他の子供には攻撃的になることがわかっている。報酬が発生しない場合でもそうだが、グループ同士が何かを巡って競争している場合はさらにその傾向が強まる。これは実に本能的で原始的な行動だ。スウェーデンにいても知り合い同士が南欧のサッカーチーム二チームを巡って対立するのを見ることがある。個人的には何の関係もなく、無作為に選んで応援しているだけのチームだというのに。グループに属するというのはそれだけでも恍惚とするほど強力な感覚だが、対立する外集団が存在する場合はなおさら強くなる。

冷戦時代の一九八五年、アメリカとソ連という宿敵同士が異例の首脳会談を行った時に、ロナルド・レーガン大統領がソ連の指導者ミハイル・ゴルバチョフにふとこんな質問を投げかけた。「もしアメリカが宇宙人に攻撃されたらどうする？　ソ連は助けてくれるだろうか」

ゴルバチョフは一瞬驚いてから答えた。「ああ、間違いなく」

「こちらもだよ」とレーガン大統領は笑みを返した。

宿敵同士が共通の敵を倒すために一時停戦する――その現象が、人間の内にある闘争性の心理プロセスについて知るべきことをすべて物語っている。

道徳的本能をもつにもかかわらず、定期的にグループ同士で争い、殺し合ってきた理由は、お互いを大切にしてきたのと同じくらい前から、お互いを非人間化してきたからだ。そこに論理的な解決策があるとすれば、できるだけ多くの人を〝自分たち〟のグループに含めることだろうか。

＊

ここまで論じてきた行動や本能は進化上の益があったもので、個人差はあるものの、それが今でもわれわれの中に残っている。そのため道徳的なジレンマに直面すると特殊な問題が生じる。進化させてきた各本能が対立し、行動に表れるさいにも競り合うからだ。たとえば人間には生存本能があり、それは自分だけを優先する利己的な本能だ。同時に同情という本能ももち、他の誰かのほうが苦しんでいると感じた場合、自分にとっていちばんいい選択肢を選ばないということもできる。そこに正義という本能が加わり、複雑な根拠を基に行動を決める。

しかもそれだけではない。今言った生まれもった本能に加えて、忠誠心、個人的経験(前回はあの人を信用したらえらいことになった、だからもう絶対に信用しない)、合理性、さらに——この場合重要になるのが——文化層、つまり社会にとって何が正しいのか間違っているのかについて学んだ内容も関わってくる。ほとんどの文化では、盗みはある程度非難されるべきことで、そこには盗まれた人々への共感(正義、同情、罪悪感)もあるが、社会集団に叩き込まれた規範のせいでもある。なお、古代のスパルタ人は幼い頃から、見つからないかぎり盗むという行為は道徳的に間違っていないと教え込まれた。グループの全員がそのように取り決めれば、生まれもった本能的な道徳心を無効にすることもできるのだ。スパルタの文化層は、道徳心とは異なるパターンを創り上げていた。

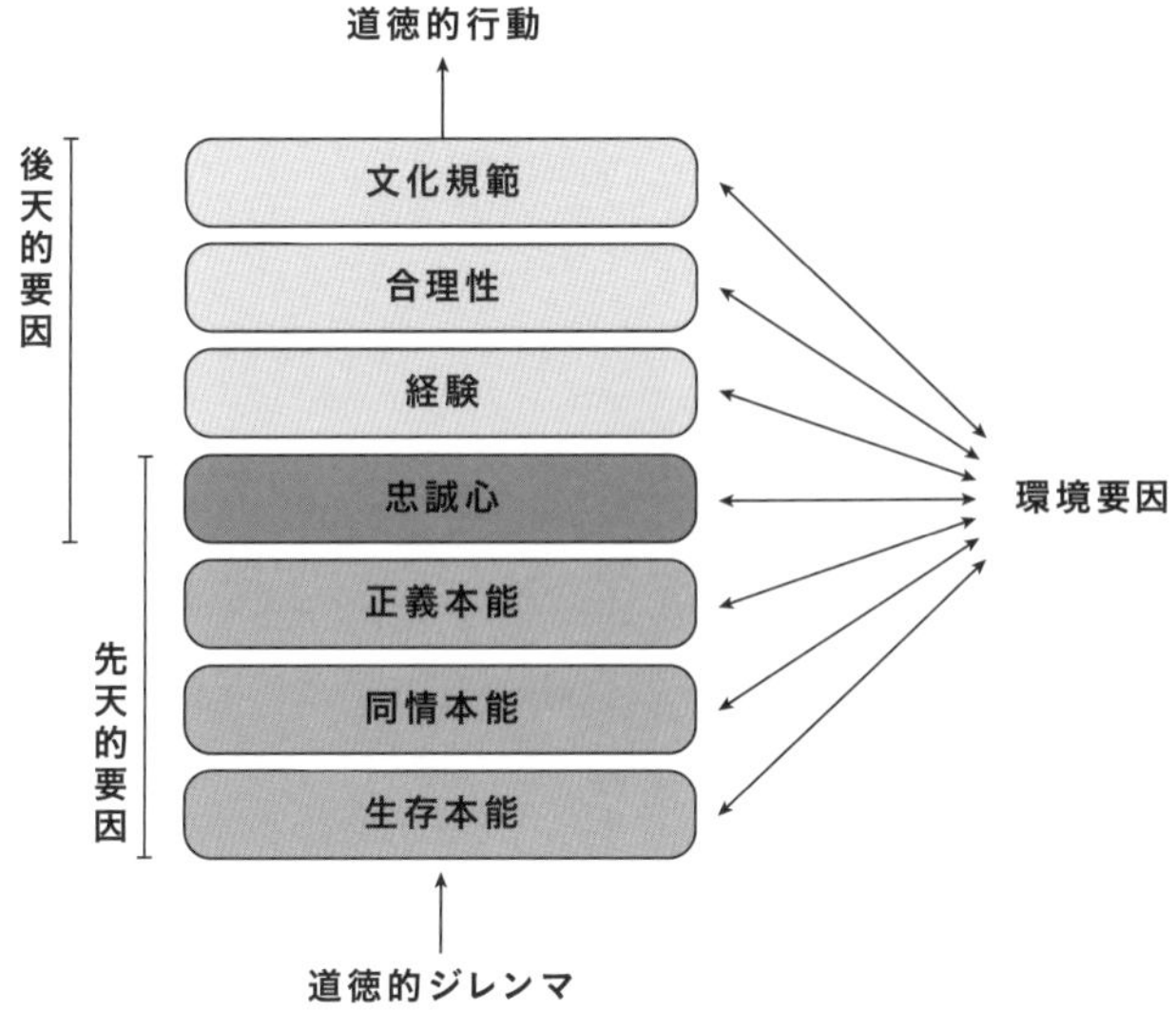

人間の道徳的行動が先天的要因と後天的要因、さらに環境要因にも影響されることを示す概略モデル。正義本能には共感、不公平と思われることに対する怒り、自制心、罪の意識などが含まれる。

再度ラスコーリニコフについて考えてみよう。金銭的な悩みを抱えていた大学生ラスコーリニコフだが、何かが彼の生存本能のスイッチを入れ、人を殺すという計画を正当化した。それに加えて、非凡人ならば他の人間よりも優先されていいという合理的な論理を展開した。文化的にはロシア正教の価値観を刷り込まれていただろうに、それに耳を貸さないよう努めたのだ。しかし罪を犯したとたんに他の本能が湧いて出た。同情もだが、何よりも正義にまつわる道徳――罪悪感、恥、自分のやったことを正す必要性などだ。この相反する本能がラスコーリニコフを狂気の淵へと追いやった。

どのように行動すればいいのか、それがいつも簡単にわかるわけではない。生まれもった本能が文化的そして社会的な規範、守らなければいけない条件に何度もぶつかってしまう。もっとも、今日でもわれわれが道徳的規準のほとんどを――具体的な問題においてどんな立場を取るかにかかわらず――同情と正義を基礎にしているという事実が多くを物語っている。たとえば中絶という問題に関して〝女性は自分の身体に関する決定をする権利がある〟という意見と、〝胎児にはどんな状況であっても命をもらう権利がある〟という意見は相反するものだが、どちらも正義、そしてある程度の同情という同じ議論に根差している。道徳的本能があるからといって、同じ意見になるというわけではないのだ。

もっとも、この道徳的本能は、ほぼ普遍的とも言える価値観をいくつも生み出している。

主要な宗教はどれも〝殺してはいけない、盗んではいけない、騙してはいけない〟といった道徳律があることはすでに述べたが、進化の過程で利他的本能を発達させた類人猿が、自分たちがつくった神話にそれを投入したのは驚くことではない。当然、われわれ人間のほうが神に道徳を与えたのだ——その逆ではなく。

道徳哲学の新たな光

ここで古典的な道徳哲学に戻り、進化の研究を踏まえて新しい観点から見つめ直してみよう。義務論も帰結主義もそれぞれに、人間が自然に道徳的問題に対処する方法を、人間生来の本能から切り離した絶対的命令を確立することで操作しようとしてきた。たとえば強い同情の衝動を感じても、それがわれわれ自身が道徳的義務だとしているものに反する場合にはその感情を放棄するように促す。もっとも、この思考体系の欠点は、たいていの人にとって自分がどう感じるかを常に無視するのは不可能なので、一貫してルールを遵守することが長期的には困難になることだ。それに規則重視の義務論のもう一つの問題点は柔軟性のなさにある。現実世界に住む人間なら誰でも、時には合理的にあえて絶対的命令から外れることがあるのを知っている。どれほどよく練られた理論モデルであっても、現実が必ずしもそれに当てはまるわけではないからだ。

徳倫理学がバランスをとりやすいのは、規則を基にしていないからだ。ポジティブな後天的資質（節度、教育、反省、フロネシス）を特定し、それをポジティブな先天的本能（共感、不正に対する憤り、自制）と組み合わせ、公正で理性的、冷静で勇気ある道徳的に優れた個人をつくり出すことを目指している。大事なのは道徳の方程式においてポジティブな要素がネガティブな要素（性急な行動、妬み、利己性）を上回ること。

良いアイデアだが、徳倫理学の問題点は一般的な道徳のアプローチとしては曖昧過ぎることだ。人によって正義や理性、節度、勇気といったものに異なる定義があるという点を無視しているからだ。しかし何より、自然に存在する道徳的感情のバリエーションを無視してしまっている。生まれながらにして共感力の弱い人もいるわけで（株のディーラーというあだ名をつけてもいいかも）、もって生まれた精神的特性は完全に自分でコントロールできるものではない。アリストテレスは合理的で好奇心旺盛な性格に生まれついたので、自分のアレテを洗練させていくことができたのかもしれないが、誰もがそうだというわけではない。

自分を変えることができないのなら、美徳とは何かを自分たちに合うように定義し直すことができる。たとえば、〝私にとっての節度は、地球環境のために今年三回目の海外旅行をあきらめること〟といった具合に。自分の行動が、ヒュームが仮定したように〝世間の賞賛や非難〟〝自分の評判が気になること〟に影響されるのも、進化心理学者たちが実験によって調べたことだ。幼い子供でも大人でも、人から見られている時には不正を働くことがはるかに少ない。誰も詐欺師だと思われたり、グループから外される――自分の生存が危うくなる――リスクを冒したりしたくはない。だから他人の前では不正をしたい衝動を抑えるのだ。すでに見てきたように、良い評判を保つことは歴史的に生き残るための鍵だったのだから。

道徳における合理主義と感情主義は対立する考え方だが、どちらにも強みがある。人間の道徳的行動には、合理的側面と感情的側面の両方があり、そこに動的な相互作用が起きる。もっとも、最大の賛辞を受けるに値するのはヒュームだろう。ヒュームは人間の道徳的行動を細やかに、最小の構成要素にまで分解した最初の哲学者だった。色々な意味で近代心理学の先駆者と見てよいだろう。すでに見てきたように、彼の理論の多くがその後科学的にも正しかったことが証明されている。

いちばん優しい人がいちばん多く子供をもった

うまく協力できているグループにいるためには、お互いに本質的な利害の不一致があっても合意しなければならない。人間の進化の初期に生まれた道徳的行動は、自然がわれわれに優しくあってほしかったからではなく、それが生き延びるために有利だったからだ。同情、向社会的な行動、不正に対する憤り、共感、自制心や罪悪感といった本能は、有益に協力できる群れになることで個人の生存をも促した。反社会的、支配的、あるいは攻撃的な行動を示した類人猿はコミュニティから締め出され、餓死するしかなかった。つまりいちばん優しい人たちがいちばんたくさん子供をもてたのだ。

ラスコーリニコフが質屋の老婆を殺したことに罪悪感を覚えたのはつまり、二百万年前にサバンナから果樹が消えたせいなのだ。

第三章

自己とは何か

What is a Self?

哀れなグレーゴル・ザムザ

一九一三年秋、ロマンチックとは言い難いボヘミアの王国で、不安に苦しむ労働者傷害保険協会勤務の男が覚悟を決め、愛する相手に手紙を書こうとペンを摑んだ。長いこと悩んできたが、ついに心を決めたのだ。〝執筆のために人類最大の幸福を放棄したいという願望が、僕の身体の筋肉という筋肉を突き刺すのです〟童顔の三十歳は結婚して子供をもつことを望み、それを〝人類最大の幸福〟と呼んだ。しかし何よりも、夢を追求するための自由を望んでいた。フランツ・カフカ（一八八三～一九二四）は作家として認められたかったのだ。

文化人と添い遂げるのは昔から大変だったようだ。

カフカは病弱に生まれ、大人になっても病弱なまま生涯を終えた。わずか四十歳で結核のために亡くなり、メモの山、そして後に友人マックス・ブロートが編纂し出版する未完成の原稿を遺した。神経質なカフカは自己批判が強いせいで生前はわずかな作品を出版したにとどまったが、死後に出版された不条理文学『審判』や『城』により、西洋で最も評価され影響力のある作家となった。その称賛を生前に得られればよかったのだが、早世したことも含めて伝説的な存在になった。

生前に出版された代表作は、本人が〝結末は読むに堪えない〟〝全体的に不充分な点ばかり〟と評した『変身』(一九一五)で、〝ある朝、不安な夢から目覚めると、グレーゴル・ザムザはベッドに横たわる自分が巨大な虫に変身していることに気づいた〟という出だしがあまりにも有名だ。冒頭だけでなく、物語は最後まで不条理で悪夢のように進んでいく。

若いグレーゴル・ザムザは出張の多い販売員で、リタイアした両親と妹を一人で養っていた。しかしある朝目覚め、自分が巨大な虫になっていることに気づくと、家族との関係が緊迫する。グレーゴルは人間から虫になっただけでなく、家族の稼ぎ手から厄介者になってしまったのだ。父親には攻撃され、自室に閉じ込められる。比較的仲の良かった妹は最初のうちこそグレーゴルの世話をするが、自分が仕事に就くと兄を見捨ててしまう。父親から何度か暴力を振るわれたグレーゴルは鬱状態になり、食事も摂らなくなったが、家族はそれに気づかないふりをした。そして物語はクライマックスに達する。ある晩グレーゴルがこっそり部屋から抜け出し、三人の下宿人を怯えさせてしまう。すると三人は「害虫と暮らすくらいなら訴える」と一家を脅す。妹は我慢の限界に達し、「もうたくさん！こんな虫、家から追い出しましょう」と言い放つ。飢えきり、悲しみに暮れたグレーゴルは自分の部屋に這い戻り、その夜のうちに息を引き取った。翌日、安堵したザムザ一家が希望に満ちた未来を語る場面で物語は終わる。

重要作品の例に洩れず、『変身』もさまざまな観点から解釈が行われてきた。心理学的な観点からは、繊細なフランツ・カフカが支配的な父親に対して激しい劣等感を感じていたこと。宗教的には、グレーゴルが他者の幸福のために自分を犠牲にしたこと。マルクス主義的には、資本主義制度においては人間など取るに足らない存在で、交換可能な歯車でしかないこと。そしてフェミニズムという観点では、妹が献身的な家事手伝いから、収入と決裁権のある存在へと成長したこと。私自身の解釈では人と人の絆の脆さ、困難な状況において絆が風化する様子を描いているのだと思う。

印象的なのは、終盤で妹が父親に向かってこう叫ぶ場面だ。「これがグレーゴルだという考えは捨ててちょうだい。これがグレーゴルなわけがないでしょう？　もしそうだとしたら、彼ならとうの昔に人間がこんな生き物と共生するのは無理だとわかっているはずよ……なのに今、あんなに恐ろしい虫がここに居ついている」カフカは皮肉を込めて、われわれ人間はお互いの生計に貢献できなければ価値がないことを示唆している。貢献できないなら、フンコロガシと何ら変わらぬ疎ましい存在だと。

『変身』はさらに、非常に重要な哲学的問い、人間とは実際には何なのかという点にも焦点を当てている。妹は、巨大な虫に変身したグレーゴルはもはやグレーゴルではないと主張するが、グレーゴル自身は変身後も自分以外の何者でもないと感じている。もちろん、肉体は完全に変態し、見た目も声も変わってしまった。しかし考えや記憶は同じままだし、意識も無傷だ。そこで生じる問いは、妹とグレーゴル、どちらが正しいのかだ。グレーゴルは変身してもグレーゴルのままなのか、それとも——?

自己や個人のアイデンティティ、単一の有機体を形づくるものを一つの枠にはめ、定義し、確立できるものなのだろうか。その答えを見つけるために、南ドイツへと旅立とう。

デカルトが受けた啓示

それは一六一九年十一月十日のことで、あまりにひどい天気だった。住民は気づいていないが、ヨーロッパは小氷期に入っていて、数世紀にわたって気温が大幅に下がり、冬は特に厳しかった。ノイブルクの町の小さな部屋で、風変わりなフランス人の志願将校が激しく燃える炉で暖を取っている。最近、地元バイエルンの大公マクシミリアン一世の軍に入隊したばかりだが、実戦を楽しみにしたり、そもそも戦いに参加したりするようなタイプではなかった。ドイツ語も満足に話せないし、長年の習慣で毎日昼の十二時まで眠り、戒厳令が出ていても生活を変える様子はない。しかし私財がたっぷりあるおかげで、給料はもらわずに入隊していて、自分が興味のあることに専念できた。そのため家族からも、法学の学位を役立てることなくほっつき歩いている好事家《こうずか》だと非難されずにすむ。ここ最近関心を寄せていたのは数学、正確に言うと現実の本質を明らかにする数学の力だった。そんな事情で燃えさかる炉に身を寄せるフランス人は、世界が数学的な映像として目の前に現れるという、人生を激変させるような神秘的な啓示を受けた。その体験に圧倒されるあまり、ある決断を下す。ルネ・デカルト(一五九六〜一六五〇)はその瞬間から、哲学、論理学、数学に人生を捧げることを決意したのだ。

西洋の思想史において最も重要な哲学者を年代順に十人挙げるとすると、デカルトは〝ソクラテスあるいはプラトン〟、アリストテレスに次いで三番目に入るだろう。フランス中西部で貴族の家に生まれたデカルトだが、一歳で母親が亡くなり、高等法院の評定官だった父親は公務で不在がちだった。少年は孤独に育ち(愛情を注いでくれたのは乳母だった)、病弱でもあった。イエズス会の寄宿学校で学んだが、学校には失望し、法律の学位を取得したものの仕事にも興味をもてなかった。しかし自分の資産と遺産で暮らし、オランダやドイツ、ポーランド、デンマーク、フランスを放浪し、数年後にはオランダに永住することにした。重要な作品はどれもそこで執筆されている。

一六四〇年代にヨーロッパで高い評価を得ると、厄介なファンに目をつけられてしまう。二十三歳のスウェーデン女王クリスティーナだ。女王は自分に哲学を教えるよう、軍艦を送ってこの気の毒な男を迎えに行かせ、ストックホルムへと連れてこさせた。〝岩と氷に囲まれた熊の国〟になど行きたくないと言いつつも、デカルトには女王の執拗な招きを断る勇気がなかった。当時スウェーデン人は三十年戦争中に冷酷なならず者だという評判を得ていたのだ。

一六四九年秋にストックホルムに向けて出航したが、到着してみると人類の記憶に残るほどの厳しい冬に迎えられ、雪と氷が六カ月も国を覆っていた。寒さにも惨めさにも慣れていなかったデカルトだが、ストックホルムに着いて数カ月後には若い女王からそろそろ哲学の授業をと命じられた。週に三日、朝五時に城に現れるようにとのことで、子供の頃から正午より前に起きる習慣のなかったデカルトも女王の命令には従った。しかし意に反する暮らしを数週間続けた後に肺炎を患い、命を落としてしまった。アテナイはソクラテスを殺害したことで哲学に対する最初の大罪を犯したが、二度目の大罪はストックホルムが犯したと非難されてもおかしくはないだろう。

もっとも、早すぎる死の前にデカルトはすでに思想史の軌道を変えていた。彼の偉大さは画期的な数学的研究、それに何よりも教会が確立した非常に狭い枠組みの中でしか機能していなかった中世哲学からの決別にあった。その功績により、しばしば近代哲学の父と称される。

デカルトの哲学における中心的な問いは認識論だろう。シンプルに、〝絶対確実に知ることができるのは何なのか〟と問うたのだ。その答えが手に入れば、その知識を基に現実や世界に関する真に純粋なアイデアに到達できるかもしれないと考えてのことだった。そこに到達するには、自分自身の知覚も含め、何もかもを疑う必要がある。『省察』（一六四一）の中でかの有名な〝悪い霊〟の例を挙げているように、全能の悪霊がわれわれの感覚をすべて欺き、外界を現実とは異なった形で知覚させているとしたら？（一九九九年のヒット映画『マトリックス』の脚本家らは間違いなくデカルトに多大な借りがある）馬鹿げた発想ではあるが、誤っているとも証明できない。デカルトはこのように、人間の知覚は現実検知器として信頼に足るものではないとした。自分の知覚を信頼できないなら、何を知ることができるのか。そう、**コギト・エルゴ・スム**――われ思惟す、ゆえにわれあり――デカルトはそう結論を下した。疑いの余地のないことが一つだけあるとすれば、それは疑っているという事実であり、もし疑った、つまり考えたならば、ともかく自分の意識は存在しているはずだ。それがデカルトのたどり着いた最初の真実であり、彼の哲学の基礎となった。

デカルトはこの洞察をさまざまな論理的厳密さで発展させ、神は存在するにちがいない、哲学的真理は知覚経験ではなく理性に由来するものでなければならない、という結論にたどり着いている。知覚は人を欺くが、論理は曲げられない。人間は魂と肉体という二つ別々の物質で構成されている。これがいわゆる実体二元論で、第一章で見たように、特にスピノザが異論を唱えた理論だ。合理主義のデカルトにとって、人間の本質は意識――彼はそれを魂とも呼んだが――であり、肉体のほうは一時的な住まいにすぎなかった。

もっとも、人間に不滅の魂があるという考え方はデカルトが思いついたわけではない。古代、いやおそらく先史時代まで遡る考え方だ。意識はなんらかの〝不滅の魂〟の延長であり、肉体が老い、朽ち果てても残る〝本質〟の一部――それが人間にとって、自己とは何かを直感的に理解できる方法なのだろう。デカルトの偉大さは、人間が自然に思いついたこの認識を理論的かつ合理的な枠組みに落とし込んだことだった。〝魂〟と〝身体〟が統合される解剖学的な場所まで突き止めようとしたのだ（デカルトの仮説ではおかしなことにそれは脳の中の小さな松果体だった）。デカルトの貢献により、その後に登場する哲学者たちは――デカルトの反対派であっても、賛成派であっても――確立された合理的理論を享受できることになった。グレーゴルと妹の哲学的対決では、デカルトはチーム「グレーゴル・ザムザ」についたことになるのだろう。どう考えても、グレーゴルの魂は虫の肉体に乗り移ったのだから。

魂と意識

意識ある存在とは何か、それを定義しようと試みた者は少なくない。誰しもこの現象を直感的に理解してはいるが、極めて難しい課題だ。一般によく知られる定義は哲学者トマス・ネーゲルのもので、〝生物は、生物であるという経験を伴う場合に意識がある〟としている。哲学者ピーター・カールーザーズには別の定義があり、〝意識があるだけでなく、意識があることに気づいている存在〟だという。

ここ数年、意識については自然科学の観点からも数え切れないほど本が書かれている。意識とは何か、いかにして生まれたのかなどといったテーマだが、ここでそれを掘り下げるつもりはない。その理由は単純で、理論自体は多く存在するが、どれが正しいかという証拠はほとんどないからだ。今でもわれわれは意識が何なのかをわかっていない。もっとも、現実は物質のみで構成されていると信じる私にしてみれば、意識の謎が解明されるのは時間の問題だ。今はまだ存在しない種類の科学によって解明されるのかもしれない。

意識が何なのかはまだわかっていないので、ここでは歴史上多くの人にとってその内的経験が〝自己〟と等しいものであったとしておくだけでいいだろう。〝しかし、魂。その目に見えないもの〟ソクラテスは死を前にして、不滅の魂の存在をそう表現した。不滅の魂は〝この世界と似た、しかし高貴で汚れなく、目に見えない別の世界へと旅立つ……私の魂も間もなくそこへ旅立つ〟そう思えたからこそ、毒杯を空にできたのかもしれない。そこからさらに歩み続けられると確信していたのだから。

ロックの記憶

デカルトの理論は、支持を得る前に反対勢力に遭ってしまった。その後数世紀も哲学界を支配する分裂が発生したのだ。それが合理主義と経験主義だ。

経験主義を初期から支持したのがイギリス人ジョン・ロック（一六三二〜一七〇四）だった。イングランド内戦前にブルジョア家庭に生まれたが、早くから天賦の才を発揮し、奨学金を得てオックスフォード大学に進学、ギリシャ語と修辞学を学んだ。在学中にデカルルトの著作に出合い、生涯にわたる哲学への興味を育んだ。同時に医学を学び、リベラル派の有名政治家シャフツベリ伯爵の主治医として雇われる。しかし政治的風向きが反転すると、シャフツベリとロックは亡命を余儀なくされ、ロックはファン・デル・リンデン博士という偽名で数年オランダに住んだ。この亡命中にスピノザの著作などに出合い、主要な哲学書を執筆した。一六八八年に再びイングランドの政治的風向きが変わるとロンドンに戻ることを許され、リベラルなホイッグ党のフロントマンとして晩年を過ごし、金融政策や金利に関するさまざまな調査に参加している。生涯にわたって苦しめられた重度の喘息発作が原因で亡くなった時には独身で子供もいなかったが、世間から惜しまれた。

現代の知識層と同じく、ロックも極めて多くの側面をもつ思想家だった。彼の政治理論が最もよく知られることになったのは、アメリカ建国の父のお抱え哲学者のような存在になったからだろう。それだけでなく、今ならば心の哲学や心理学に分類される分野にも重要な貢献を果たした。人は特定の本質をもって生まれるという考えに断固として反対し、魂は**タブラ・ラサ**、すなわち何も書かれていない書板のような状態でこの世界に現れるという理論を広めた。この白い書板に書かれることになるのは、知覚やそのデータ点（経験的観察）を通じて得られる経験で、複雑で抽象的な知識や思考が蓄積されていく。合理主義と対立する理由は、デカルトが理性を優先して知覚に入ってくる印象は無視すべきだと考えていた一方で、ロックのほうは人間は多かれ少なかれ蓄積された知覚によって構成されていると信じていたからだ。

著書『人間知性論』（一六八九）の有名な一節で、ロックは個人のアイデンティティ、つまり自己を定義しようとしている。〝考える知的な生物、理性をもち、内省もできる、そして自分を自分だと認識し、別の時間や場所においても同じ考えをもつ〟

個人のアイデンティティは時空を超えてつながっている、その考えは意識に連続性があることが条件になる。具体的には、人は過去の経験、そして〝自分自身であること〟を記憶していなければならず、その経験記憶の蓄積が自己となる。

ロックのこの定義は当然問題を多々引き起こし、激しい攻撃を受けることになった。一時的に記憶喪失になった人はどう扱うのか。永久に記憶喪失の場合は？　トラウマになるような出来事の後、あるいは加齢とともに性格（現実認識、意見、行動）が劇的に変化した場合は？　そもそも人間の記憶は不変ではない。研究でも、記憶は時間の経過とともに変化していくことがわかっている。記憶が流動的なものなら、自己も流動的なのか？　それでは個人のアイデンティティ、つまり自己を定義することなどできないのでは？　固定されずに、あっちにこっちに揺れるならば。善良なロックは果敢にも自己を定義しようとしたが、基本的にはその挑戦がいかに難しいものかを実証しただけだった。

ここで哀れなグレーゴル・ザムザの物語に戻ると、興味深い結論に達する。哲学的には敵対するデカルトとロックだが、少なくともグレーゴルの件に関しては多少和解できそうだからだ。デカルトは確実に、グレーゴルの不滅の魂、彼の本質が虫に移行したと考えただろうし、ロックは虫に入ったのはグレーゴルの〝もはや白くはない書板〟、つまり彼を形づくった蓄積された記憶、知覚、内省だと言うだろう。つまりグレーゴルは変身後もグレーゴルのままだった——両者ともグレーゴルと妹の哲学的対決においてはグレーゴルの側についたはずだ。世界最高の哲学者二人を敵に回すとは、妹の戦況は悪そうだ。いや、しかしプロイセンから助けが来るかもしれない。

ヘーゲルの観察者

ゲオルク・ヴィルヘルム・フリードリヒ・ヘーゲル（一七七〇〜一八三一）は前述の哲学者らほど波瀾万丈な人生は送っていない。シュトゥットガルトで生まれ、チュービンゲン大学で神学を学んだが、古代哲学に比べるとはるかに退屈だったようだ。学生時代はパーティー三昧だったが、歳を重ねるうちに落ち着き、学業を終えると家庭教師、編集者、ギムナジウムの校長として生計を立てながら、哲学に関する執筆を続けた。一八一八年にベルリン大学の教授に任命されると、そこで決定的な成功を収め、とんでもない有名人になった。ヘーゲルの講義はロックコンサートかと思うほどの人気を博し、学生、プロイセンの役人、将校、政治家らが詰めかけたという。晩年には非公式ながらプロイセンの国家哲学者と見做《みな》されていて、本人も喜んでいたはずだ。

ヘーゲルは、哲学史において最も独創的で解釈の難解な思想を複数提唱し、形而上学、論理学、歴史哲学に多大な貢献をし、その上でプロイセンが自然かつ論理的にあらゆる文明の頂点であるとしたのだから、国家機構内で人気があったのも無理はない。そして心理学と心の哲学――とりわけ自己がどのように形成されるかについても鮮烈な理論を展開した。

著名な作品の一つ、『精神現象学』（一八〇七）では、**主人と奴隷の弁証法**を提示している。ヘーゲルによれば、自意識のある存在というのは、別の自意識ある存在との関係においてのみ生じ得る。そして二人の自意識ある存在が遭遇すると闘いが始まり、彼らは存在するために――少なくとも自意識ある存在でい続けるために、相互依存の関係になる。最終的に片方（奴隷）が相手（主人）に服従し、奴隷がその関係性を受け入れるのは、認識されない存在でいるよりも、認識される存在でいたいからだという。ヘーゲルは人間関係のアドバイザーとしても人気を博しただろう。

グレーゴルの妹は、ここにきて哲学的な朝のすがすがしい空気を吸える機会が訪れた。ヘーゲルによれば、グレーゴルの自意識が無効にされたのは、妹が虫を自意識のある存在だと見做さなかったからということになる。カフカもその点においてヘーゲルは正確だとしただろう。見捨てられたグレーゴルは、死ぬことに合意したかのようだった。もはや誰も彼を認識せず、認識したいとも思わないのだから。したがってグレーゴルはグレーゴルではなくなった。彼自身がどう考えていたかではなく、他の人間全員が彼をグレーゴルだと認識しなくなったせいで。妹が兄を降格させたことで、スコアは二対一になった。

生物有機体

科学革命が進むにつれ、自己に対する見方も次第に変化していった。見方が生物学化したと言ってもいいかもしれない。宗教を介さない自然科学は魂という概念を捨て、遺伝や細胞、神経のシナプスといった物質的な概念を得た。現代の思想家が自己の概念を議論する場合にも、それが大きく反映されている。

しかしその点を掘り下げる前に、まずは少し寄り道をしてみようと思う。そもそも生物有機体とは何なのか。ロングセラーの辞書『ヘンダーソン生物学用語辞典』の第十二版では、有機体は〝生きるものすべて（any living thing）〟と定義されているが、これではあまり役に立たない。その他にも〝動物、植物、または単細胞生物の個体〟と定義されることもあるが、基準として使えるレベルではなく、単なる説明にすぎない。もっと悪い場合は――それについては後述するが――グレーゾーンの例が多く見逃されている。

命の種類をより狭めると、人間有機体とは何だろうか。たたき台としてそれをなんとか定義してみよう。人間有機体とは数十兆の協業する特殊な細胞から成る凝集体で、その細胞はどれもホモ・サピエンスという種に属する同一のゲノムをもつ。この定義だとグレーゴルはグレーゴルではなくなる。細胞にホモ・サピエンスのＤＮＡではなく虫のＤＮＡが入っているからだ。これで勝負は二対二に傾いた。

いや、そうでもないかもしれない。というのもこの定義には問題がいくつもあるからだ。なぜこの定義では機能しないのか、それを理解するためには最初の最初から始めなければいけない。スーパー細胞、真核生物の出現からだ。

微生物界のロミオとジュリエット

「あの子はキャピュレット家の人間なのか？　ああ、神よ――わが命は敵への負債か！」

ウィリアム・シェイクスピア（一五六四〜一六一六）の『ロミオとジュリエット』で、恋に落ちた少女の素性を知ったロミオはそう叫んだ。ジュリエットはキャピュレット家の娘で、ロミオのモンタギュー家とは宿敵の仲だ。二人は生まれつき一緒にはなれない運命でありながら、互いに惹かれ合う。あってはいけないことが起きたのだ。

人間どころか多細胞生物が出現するよりずっと前に、実は同じようなことがあった。地球の歴史を大きく変える偶然が起きたのだ。一緒になることはありえない異なった種類の生命体二つが、大海のどこかで出会った。キスをした後、洗練された生命体のほうが、単純で熱心な相手を自分の中へと誘った。こうしてその後二十億年続く婚姻が成立し、進化的には生命の歴史上、最も素晴らしい結婚生活になった。海で結ばれた二人は今でも生きている。たとえばあなたの中に。われわれはこの最初の**真核細胞**の直系の子孫なのだ。

科学的には、地球上の生命は主に三種類に分類される。多くの人が想像するのとは異なり、それは動物や植物といった分類ではない。地球上のあらゆる生物がどういう親戚関係にあるかを調べると、実は動物と植物は巨大な生命樹の太い枝に並んで生えた二本の小枝にすぎないのだ。つまり猫とトウヒの木は、それ以外のあらゆる生命体と比べると、わりと近い親戚関係にある。その小枝が生えている太い枝には、人間だけでなく毛のないモルモットやオリーブの木、ベニテングタケ、アメーバなどもいて、真核細胞の王国として栄えている。ＤＮＡを保護する細胞核をもち、生命樹のもう一本の太い枝――細菌の枝――の細胞に比べて、複雑な細胞構造そして高度な機能を備えている。細菌は**原核生物**と呼ばれ、たとえば細胞核など、真核細胞がもつ繊細な部分を多く欠いている。

三本目となる最後の大枝は**アーキア**の枝で、一般にあまり知られていないのが不思議なくらいだ。生命樹の三分の一を占めているし、人間が属する真核生物の枝と姉妹枝だというのに。

アーキアというのは細菌と同じように原核生物で、非常に興味深い生物だ。それなのに一九七〇年代後半まで存在すら知られていなかった、というか、アーキアだということが知られていなかった。研究者はアーキアを極限環境（沸き立つ硫黄や腐食性の酸、異常な塩分濃度など）に生息する細菌だと考えていたのだが、実は細菌とは完全に異なる生命体で、生命樹の中でも独自の主枝を構成していることがわかった。なんと地球上の全生命体の三分の一の存在に気づいていなかったのだ。そして今、真核細胞、つまり人間の基になっている細胞が、元々はアーキアだったという事実を示す証拠が次々と出てきている。

何もかも、二十億年前のあの日に始まった。それまで存在していたのは単細胞生命のみだったが、生物学者の間で広く合意がなされている細胞内共生説によれば、次のようなことが起きたらしい。二種類の単細胞生物が出会った。一つは細菌で、もう一つはアーキアだ。アーキアが新しい友達を食べようとしたのか、細菌のほうがアーキアに寄生しようとしたのかはわからないが、ともかく小さな細菌が大きなアーキアの中に入ってしまった。そしてどちらかが相手を破壊してしまうことはなく、別のことが起きた。二つの原核細胞がなぜか協力し始めたのだ。アーキアの中に生息するようになった細菌が、エネルギーを生成することに集中し始めた。それによりアーキアはエネルギー生成という骨の折れる作業をせずにすみ、繁殖するための作業に力を使えるようになった。

アーキアは分裂するたびに、どの娘細胞も細菌を取り込んだままだった。つまり細菌はその間、アーキアの内部で増えていったのだ。このようにして協力関係が続いた。世代が進むにつれて、細菌は自分のDNAを少しずつアーキアのゲノムに移していった。アーキアのほうはエネルギーと引き換えに、細菌が必要とするものをすべて供給してやった。最終的には細菌はアーキア細胞の一部である細胞小器官、今ではミトコンドリアと呼ばれる細胞のエネルギー発電所になった。突如としてスーパーパワーをもつスーパー細胞――近代的な真核細胞が誕生したのだ。

しかし、ラブストーリーはそこで終わらなかった。それから数億年後、最初の真核細胞の子孫が、光合成を行う藍藻（シアノバクテリア）と出会った。緑色の美しい細菌の魅力に抗えず、真核細胞はその子を丸呑みしてしまった。そして再び**シンビオジェネシス**――協力関係に

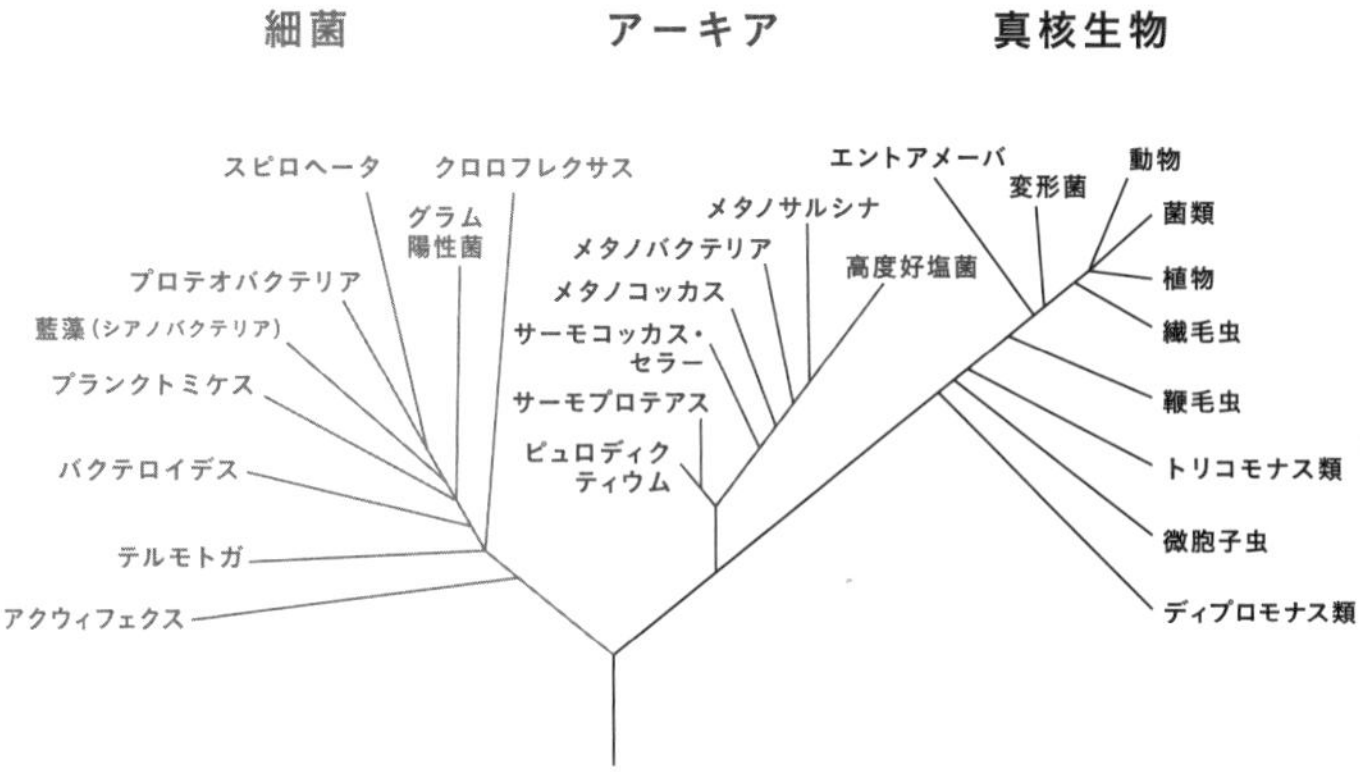

地球上の有機体の親戚関係を示す系統樹

ある二つの異なる有機体が統合されること——が起きたのだ。藍藻は次第に光合成を行う細胞小器官である葉緑体に変性し、この素敵な細胞があらゆる植物の祖先となったのだ。

では、これらの情熱的な出会いが引き起こした影響は？　理由はまだ完全には解明されていないが、複雑な多細胞生物——植物や動物など——は真核生物からのみ誕生している。多細胞というのは、遺伝的に同一の細胞が多数集まってより大きな生物を形成することで、あなた自身も最初は単一の細胞、つまり胚であり、それが分裂して何十億ものコピーをつくっていく。筋細胞、腎臓の細胞、あるいは白血球など、体内の細胞は実はどれも遺伝的に同じ複製なのだ。そして細胞は団結してネットワークをつくり、元々はどれも同じ資質をもつ細胞だったのに、それぞれ特別な機能をもつようになった。ある細胞は筋細胞、別のは腎臓の細胞に、そして免疫細胞として特化した細胞もいる。細胞の一つ一つがあらゆる仕事を自分独りでやる必要がなくなり、より多くのエネルギーを専門分野に費やせるようになると、高度な組織が形成された。専門化という能力から複雑な有機体が生まれたのだ。

ここまで高度な協力は、原核生物の場合、数十億年存在してきても一度もできたことがなかった。あなたがテーブルに飾ったチューリップや膝の上の猫、前の道を歩く人々が存在するのは、二十億年前にアーキアと細菌がお互いを食べるのではなく、協力したからなのだ。複雑な有機体である人間が存在できることを、細胞内共生に感謝しなければいけない。ありえないような出会いが、今われわれが知る世界を創り出したのだ。

ロミオは劇の最後にジュリエットが死んだものと誤解し、ジュリエットなしでは生きていけないと自ら命を絶つ。一方のジュリエットもロミオが死んでいるのを見つけ、自ら命を絶ってしまう。われわれの物語に登場する微生物カップルの出会いも、ロミオとジュリエットくらいドラマチックだ。細胞のエネルギー発電所であるミトコンドリアは、長い年月を経てもはや細胞の外では生きられなくなったし、真核細胞のほうもミトコンドリアなしでは生きられない。一緒になるはずではなかった二人が出会うとこの上なく強い絆が生まれるようだ。

コロニー

細胞内共生が起こる前は、単細胞生物しか存在しなかった。では当時なら各有機体が何であるかを簡単に定義できたのだろうか。いや、そういうわけでもない。生物学を深く学べば学ぶほど、単細胞生物と多細胞生物の境界が明確ではないことを思い知らされるからだ。

この画像（左頁）は私自身がペトリ皿で培養した大腸菌のコロニーだ。この細菌コロニーを構成するのは何十億という数の細胞で、どれも同じ母細胞から生まれたものだが、この写真が撮影された時点でコロニー内の細胞は分化している。つまりコロニーの端で活発に増殖している細胞が、中心部で飢えている細胞とはまったく異なる遺伝子発現および代謝プログラムを実行しているのだ（あなたの筋細胞と神経細胞が、同じ遺伝物質をもっているのに異なる細胞プログラムを実行しているのと同じで）。コロニー内の細菌は生化学的に、ひょっとすると生物電気的にもコミュニケーションを取っていると考えられ、細菌たちは周囲の細胞密度を感知し、それに応じて自分の遺伝子発現を調整する（それもやはり、あなたの粘膜の細胞が免疫細胞とコミュニケーションを取るのと基本的には変わらない）。

しかも細菌種の多くはバイオフィルム――協力的な細胞が集まり、生体由来のバリアに包まれたもの――を形成する。そこでは一部の細胞が自らを犠牲にして、コロニーの他の細胞の栄養になる。つまりこれは共同生存戦略で、ある意味多細胞生物に見られる利他的な行動に似ている。むやみに共食いをしたり、敵対的に互いの成長を止めたりもしない。それどころか完全に調和しているのだ。

では細菌コロニーとは、単なる単細胞細菌の集まりで、拡散の時間が限られていて、どれも自分のペースで進化していくものなのか？　それとも生き延びるという闘争のために

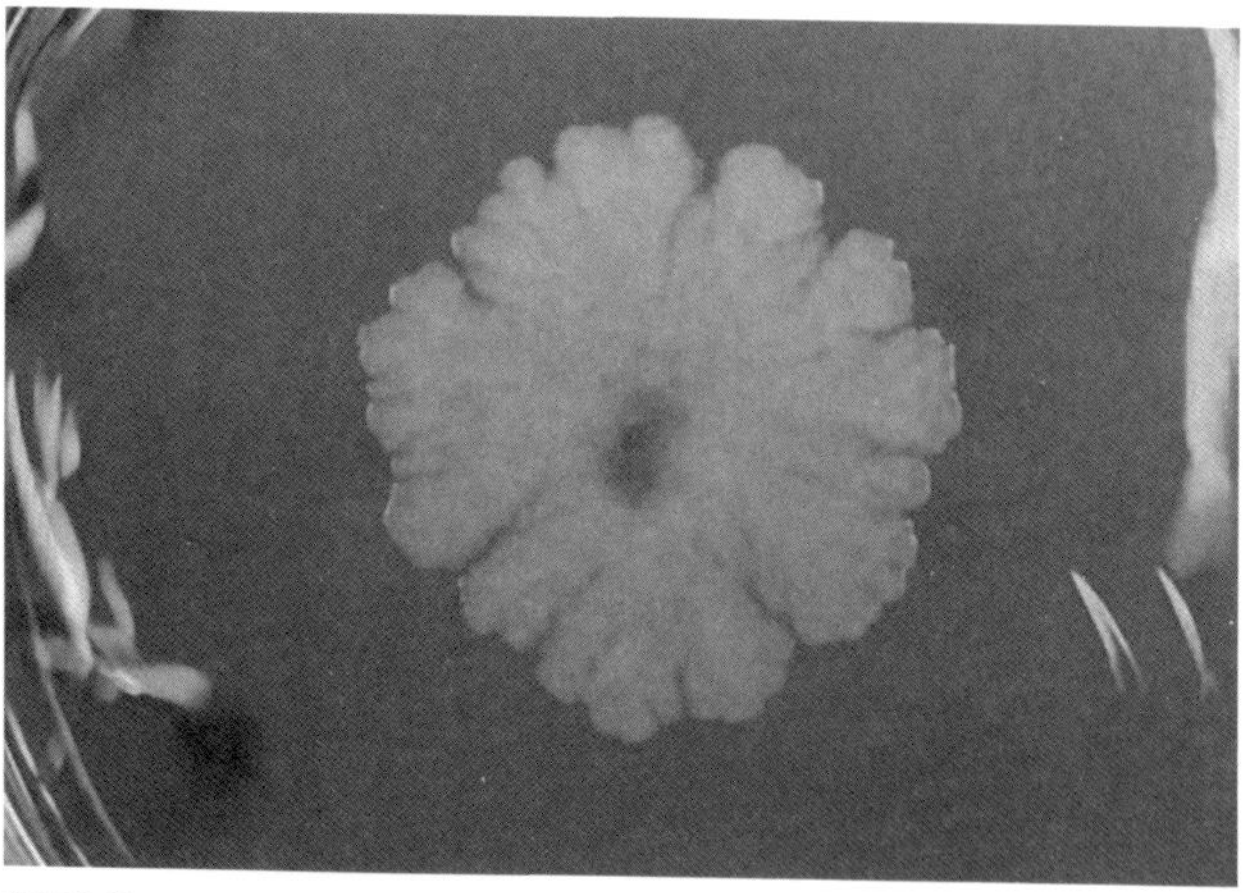

寒天培地で五日間培養した大腸菌コロニー。何十億という細胞からなるコロニーだが、たった一つの母細胞から生まれた。写真は二〇一七年一月二十七日にコペンハーゲン大学で著者が撮影したもの。

団結した、一貫した単一の存在なのか？　コロニーは単一の有機体なのか、たくさんの有機体の集合なのか。私自身はどちらとも言えると思う。

人間という有機体の定義

細菌コロニーすら何なのかを断定できないのなら、人間という有機体を定義するのはどれほど難しいことだろうか。それでもなんとか定義するとしたら、〝数十兆の協業する特殊な細胞から成る凝集体。どの細胞もホモ・サピエンス種に属する同一のゲノムをもつ〟となるだろうか。もっとも、この定義を崩すのに何秒もかからない。たとえば単細胞の胚は、発育途上とはいえ、やはり人間という有機体に含まれなければいけない。それで定義の前半部分が崩れる。それに、臓器移植を受けた人の細胞は同一のDNAをもつとは言えない。その人は臓器移植を受けたあとも前と同じ人間だと誰もが思うのだから。一卵性双生児は同一のゲノムをもつが、二人別々の人間として見做される。こういった事実が、厳密にDNAに基づいたはずの定義を無効にしてしまう。

人間は理論上、生体工学的な人工の腕や脚をもつこともできるが、それでもやはり有機体だ。身体の一部が無細胞であってもだ。

ということで、なんとかして定義を修正しなければならない。〝単一の細胞あるいは集合体で、数十兆の協業する特殊な細胞から成る凝集体。どの細胞もホモ・サピエンス種に属する同一のゲノムをもち、無細胞の生体部分がつながっている場合もある〟

しかしちょっと待ってほしい。それでは人間のマイクロバイオームをどう扱えばいいのか。マイクロバイオームはわれわれの頭のてっぺんからつま先まで、身体の内側だけでなく外側――皮膚、口の中、気道、腸などにも棲みついていて、免疫システムを鍛え、悪い微生物を寄せつけないようにし、食べ物の消化を助けてくれる、われわれの健康には不可欠な存在だ。人間には独自の遺伝子が約二万個あるが、マイクロバイオームのおかげでさらに約五十万個という遺伝子にアクセスすることができ、生物的なキャパシティーが広がる。マイクロバイオームの重要性を考慮すると、それもまた独自の器官として見做すべきだと考える研究者もいる。確かに生命にとって絶対に不可欠だとは言い切れないが、そういう意味では片方の肺、胆嚢、子宮、精巣などの臓器も同じことだ。私自身は、人間は部分的にヒト細胞からなる超個体であるが、多くの細菌種によっても構成されているという説を支持している。

もっとも、これではさっき広げた定義でさえ揺らぎつつある。しかも攻撃の手はまだ止まらない。実はヒト細胞は、特定の条件下においては身体の外でも生き続けることができるのだ。臓器移植についてはすでに述べたが、他にも明確な例が存在する。

不死の細胞

レベッカ・スクルートのベストセラー『不死細胞ヒーラ　ヘンリエッタ・ラックスの永遠なる人生』は、一九五一年に子宮頸癌と診断され、その後すぐに三十一歳で亡くなったアフリカ系アメリカ人タバコ農婦の物語だ。そこで話が終わっていれば、騒ぎ立てるようなことではなかったのだが、ヘンリエッタの腫瘍から採取された細胞が後に、本人には知らされず同意もないまま、ジョンズ・ホプキンス大学の癌研究者ジョージ・オットー・ゲイの研究室に保管されることになった。詳しく調べてみると、ヘンリエッタの腫瘍細胞には当時の研究界が切に求めていた特徴があった。そのヒト細胞は身体の外で、栄養培地の中で充分に速い速度で分裂していて、研究所で実験に使うことができたのだ。**HeLa細胞**と呼ばれるこの細胞は、医学に革命をもたらした。それを使ってアメリカの医学者ジョナス・ソークがポリオワクチンを開発し、他にも癌やエイズの研究で多くの画期的な進歩を導いた。私自身もＨｅＬａ細胞を扱ったことがある。死から七十年が経過した今も、ヘンリエッタの細胞は世界中の研究室で同じ速度で増え続けている。二〇一三年にやっと、ヘンリエッタ・ラックスの子孫がＨｅＬａ細胞から抽出した遺伝子データなどの使用をある程度管理できるようになった。

ヘンリエッタのケースで多細胞が単細胞に戻れるということが証明された。腫瘍細胞は全体のことなど顧《かえり》みずに貪欲に分裂していく。単細胞が無制限に増殖するために多細胞の協力が放棄されるという可能性は、体内の細胞のどれもが秘めているものだが、通常は厳重な制御下に置かれている。しかし、多細胞生物の細胞が永遠に協力し続けるという法則もない。それは覚えておいたほうがいいだろう。癌という病気は世界中で死と悲しみを引き起こす主な原因の一つだ。

では、ヘンリエッタ・ラックスは一九五一年に亡くなったと言えるのだろうか。確かにそう言える。ではヘンリエッタは今でも生き続けていると言えるだろうか。ある意味ではそうだ。いずれにせよ、これで人間有機体の定義がさらに泥沼にはまってしまう。何十年も前に亡くなったのに、なぜヘンリエッタは生きているのか――？

先ほどの定義をゴミ箱に捨てる前に、自分たちがどれほど無意味な袋小路に突き当たってしまったのかを考えてみるといいかもしれない。〝単一の細胞あるいは集合体で、数十兆の協業する特殊な細胞から成る凝集体。または体外にあり協力しない細胞がいくつか。そのどれもがホモ・サピエンス種に属する同一のゲノムをもつか、同じ空間に定着する微生物種で、無細胞の生体部分がつながっている場合もある〟

このように唯物論的に生物有機体を定義しようとするのは、記憶のような抽象的なものに基づいて定義するのと同じくらい難しい。科学哲学者のティム・レウエンスは、人間は明確な本質を欠いていると主張するが、それもおかしなことではない。〝自己〟とはむしろモデルであって、認知的に負担をかけすぎずに、現実の複雑さをまともに捉えすぎることもなく、日常に対応するのを助けてくれる存在だ。つまり、ロンドンの地下鉄地図にちょっと似ている。

パーフィットの転送装置

写真で見ると、デレク・パーフィット（一九四二〜二〇一七）はまさにエキセントリックなイギリスの教授という様相だ。ふさふさした長い白髪に眼鏡、白いシャツを着て、二十世紀後半の最も重要な哲学者と呼ぶにふさわしい。現役時代オックスフォード大学で活躍したパーフィットは、七〇年代にはSFドラマに基づいた鋭い分析や鮮やかな直喩で、個人のアイデンティティという哲学への関心を刷新してくれた。

哲学者としては自然科学的唯物論者に分類されるだろうか。人間はその思考、アイデア、感情を含めて、物理的な物質で構成されていると考えた。それを基盤とした上で、テレビドラマシリーズ『スタートレック』に登場するような、光速で地球から火星に転送できる装置を使った思考実験を提案した。身体の物理的な情報が転送装置《テレポーター》に読み込まれ、分解されて別の星に転送される。そこでレプリケーター（『スタートレック』シリーズに登場する架空の装置）がまったく同じ身体のコピーを再生する。記憶や感情、意見まで――われわれの人格のすべてが体内で物理的にコード化されていることを考えると、その人は地球から消えて火星に現れたと言えるだろう。

だが、とパーフィットは問いかける。もし転送中に予期せぬ問題が起きたら？　あなたの情報はコピーされ火星に送られるが、あなた自身が消えるわけではない。しかし装置から出てみると、大量の放射線を浴びたせいで数分以内に死ぬことがわかった。死ぬ前に、火星とつないだモニターで、あなたの記憶、経験、性格そして身体をもつ自分のレプリカがつくられたのが見える。ではどちらが本当のあなたなのか。あなたは今死ぬのか、それとも火星で生き続けるのか。あるいは、死ぬ前になんとかして自分のレプリカを百体あちこちの星に送ったらどうなる？　百人のうち本物の自分はどれなのか。全員自分なのか。だが複数の人間が同じ個人だということはありえないはずでは？

この思考実験は、第一印象よりもはるかに奥深いものだ。私の解釈では、パーフィットが指摘したかったのは、人間の身体には物理的にある種の〝ソフトウェア〟がインストールされている——つまりそれが意識ということではないだろうか。現時点では正確にはわからないが、おそらく脳内でコード化されているのだろう。今はまだそのソフトウェアをコピーすることはできないが、将来的には可能になるかもしれない。そうなったら、固定された個人のアイデンティティにとって最後の避難所だった場所までが奪われてしまう。つまりわれわれの人格（記憶、経験、感情パターン）が単一の生物の身体に結びつかなくなるのだ。

自己など存在しない

自然科学者であるパーフィットはつまり、二百五十年近く前にヒュームが『人間本性論』で導き出した結論に達したのだ。個人のアイデンティティ、つまり自己は具体的な形では存在しない。永遠の自己など幻想にすぎない。われわれは今ここに存在し、それが次の瞬間へとつながっていくが、その一連の出来事は切り離されもするし、拡大されもする。唯物論者のパーフィットにとってこれは霊的なまでの気づきだった。〝人生というのは私にとって、ガラスのトンネルの中を運ばれていくようなもの……今やそのガラスの壁がなくなった……他の人たちとの距離が近づいた。私はもう残りの人生をあまり心配してはいない。他の人の人生のほうを心配している〟自己が隔離された檻の中に閉じ込められているわけではないとわかれば、それぞれの人生が親密になるのだ。

パーフィットとヒュームに、なぜグレーゴルは変身後もグレーゴルなのかと尋ねたりしたら、きっと笑われただろう。二人はあきれたように頭を振り、「現実認識があまりに狭い」と言ったはずだ。質問自体が間違っている。グレーゴルがずっと同じ人間だったなんて、子供じみた幻想だ――と。

第四章

人間は形成可能なのか

Are humans malleable?

フランケンシュタイン博士の思い上がり

一八一六年晩春、イギリスの若い作家がジュネーブで集まり、美しい夏を共に過ごした。中でもハンサムで女たらしとして悪名高いバイロン卿はいつものごとく、仲間の一人クレア・クレモントと一時的な関係をもっていた。そこには詩人のパーシー・ビッシュ・シェリーとその妻でクレアの義姉でもある十八歳のメアリー・ウルストンクラフト・ゴドウィン・シェリーも来ていた。

アルプスを望む緑豊かな環境は、悲劇的な運命をたどる若者たちの人生において例外のような期間だった。メアリーとパーシーは、パーシーがまだ別の女性と結婚している間に交際を始めたが、その女性は別の男の子供を妊娠し、それが原因で自ら命を絶つ。また、パーシーが義理の妹クレアを妊娠させたという噂もあり、そのクレアはバイロン卿との私生児を産むが、バイロン卿はクレアを〝不道徳な女〟だとして子供をとり上げてしまう。女の子はバイロンの希望で、カトリック教育を受けさせるためにイタリアの修道院に預けられるが、五歳で亡くなる。メアリーとパーシーも家庭内で大きな悲しみを経験することになる。四人の子供のうち三人を幼いうちに亡くし、その後パーシーも一八二二年にわずか二十九歳で船の事故で亡くなるのだ。昔もやはり良い時代ではなかったし、道徳的に生きていたわけでもなかった。

しかし一八一六年の美しいあの夏、若い作家たちは一晩中酒を飲み、議論を交わした。そしてある時、会話が〝命の本質の物質〟と、それを死んだものに移せるかどうかに及んだ。それは当時よく話題に上がった議題で、科学によって自然の謎を解こうとする試みは尽きなかった。また別の夜にバイロンが暇潰しにそれぞれ怪奇譚を書いてみないかと提案すると、メアリー・シェリーが飛びついた。すぐに小説の草稿を書き、想像力に溢れ、彼女のスタイルを確立するような作品に仕上がった。それが後に大ベストセラーとなる『フランケンシュタイン、あるいは現代のプロメテウス』だ。

『フランケンシュタイン』はゴシック小説の先駆けで、ホラーと陰謀とロマンスが絶妙に混じり合っている。ヴィクター・フランケンシュタインはジュネーブ出身の裕福な若者で、大学在学中に自然科学に興味をもち、〝創造と生命の要因〟を発見し、命なきものに命を与えられるようになった。解剖室や食肉処理場から集めた〝部品〟で身体を組み立て、自信満々に命を吹き込む。〝新たな種が誕生し、私を創造者として、命の源として祝福するだろう。多くの幸せで優秀な者たちがその恩恵を私に感謝するはずだ〟しかし計画どおりにはいかなかった。巨大な醜い生き物が命を得たとたんに、ヴィクターは恐怖で逃げ出す。そして見捨てられた孤独な生き物は身を隠してしまう。

そこから当時の典型とも言えるロマンチックな展開が続く。ヴィクターの親しい人々が次々と謎の死を遂げ、その裏にはあの怪物がいることがわかる。大陸を越えた鬼ごっこが始まり、怪物を捕えられないままに主人公は北極までやってくる。難破したヴィクターは孤独と失意の中にいるところを他の船に拾われるが、死んでしまう。すると怪物が現れ、〝父〟の死を悼み、北極の荒野に消えていく。怪物が望んでいたのは愛されることだった。

メアリー・シェリーのこの作品は時に世界初のSF小説とも言われ、娯楽文学として書かれたわりには深いテーマを擁している。親としての義務、軽率な行動の影響、壮大な妄想の結果などだ。作者自身が子どもを亡くした罪悪感が作品に表れているとも言われている。また、当時の科学の急速な進歩に対する熱狂や恐怖もうまく捉えている。パンドラの箱を開けてしまうかもしれないという恐怖だ。ヴィクターは自分を崇拝してくれる新しい種を生み出したつもりが、結局大切にしていたものをすべて失ってしまう。〝平穏の中に幸福を求め、貪欲に名誉を求めるな〟というのがヴィクターの最後の言葉だった。

＊

『フランケンシュタイン』は、現代の遺伝子技術や情報技術の発展と気味が悪いほど似ているため、〝**人間拡張**（Human enhancement）〟がはらむ恐ろしい可能性を語るさいによく引用される。人間拡張とは、医薬品から人工知能に至るまで、人間の能力向上を目的とした既存あるいは未来の技術を指す言葉だ。集中力を高める医薬品治療、スーパーパワーを与えてくれる生体部品、欠けている知覚を提供する神経インプラント――。知能、記憶力、持久力を向上させるために遺伝子を組み換えることもできる。人間ひいては人類を形づくり、洗練し、発展させるというのは最近の発想だと思う人もいるかもしれない。しかし広い視野で見ると、その発想は古代から存在していた。それもやはり、合理的推論を最初に導入したプラトンに始まる。

プラトンの守護者

プラトン（紀元前四二七～前三四七）はアテナイの貴族の家に生まれ、幼いころから高い知能の兆しを見せていた。一部の情報源によると、面白いことにプラトンという名前はレスリングのコーチが彼の広い胸にちなんでつけた愛称だそうだ（古代ギリシャ語のplatys広いという意）。最も偉大な思想家がレスリングをやっていた頃の愛称で名を知られるようになったなんて皮肉な話だが、おそらくそれは作り話で、プラトンはもともとアテナイで一般的な名前だった。

裕福な青年だったプラトンは、早くからさまざまな哲学者と知り合った。今の学生が〝自分に合ったもの〟を見つけるために大学で単発の講義を受講してみるような感じだろうか。そのうちにソクラテスとも出会い、忠実な信奉者となった。すでに見てきたように、今のわれわれがソクラテスの哲学を知ることができるのはもっぱらプラトンのおかげだ。ソクラテスは基本的に自分では何も書かなかったし、文章という斬新な手法が知的対話の本質を正確に捉えられるとも思っていなかった。プラトンの著書は、いくらかはソクラテスの見解に敬意を表して、どれも対話形式で書かれている。対話形式にすることによって、議論と反論による学びの階段をより正確に再現し、それが新しい洞察につながることを望んだのだ。

ソクラテスの死後――プラトンにとってもそれは大きな悲劇だったが――プラトン青年は地中海沿岸を旅し、その後アテナイに戻って自身の哲学をさらに発展させた。そして世界初と思われる本格的な高等教育機関を設立した。学校はアカデメイアと呼ばれ、アリストテレスもそこで教育を受けた。アカデメイアはその後八百年以上にわたって断続的に運営され、プラトンの著作が後世に引き継がれるよう尽力した。これは哲学における最大の貢献の一つだ。プラトンは政治学の専門コンサルタントのような形でシチリア島のシラクサに招聘されたが、政争に巻き込まれ、奴隷として売られたり解放されたりした末に、八十歳という高齢でアカデメイアの学生たちに囲まれてその生涯を終えた。

プラトンが偉大である理由の一つは、形而上学、認識論、倫理学、政治学、数学、美学、論理学など、扱う主題の広さにある。クライテリア、弁証法、シンセシス、類推、神学といった用語を考え出したのもプラトンだと言われている。ともかく、これらの用語が初めて登場したのは彼の作品だ。その幅の広さ、そして主要な哲学概念を多く確立したことで、史上最も重要な哲学者だと考えられている。プラトンがいなければアリストテレスはいなかったし、ソクラテスなど存在もしなかった。それだけで哲学の三本柱が失われてしまうのだ。

プラトンが生きたのは政治的な激動の時代だった。幼少期にはアテナイとスパルタの間でペロポネソス戦争が続いており、勝利したスパルタがアテナイを統治するために冷酷な軍事政権〝三十人僭主〟を設置した。そこにはプラトンの親戚も数人含まれていたが、しばらくすると民主派が政権を奪い返し、復讐が始まった。ソクラテスの弟子の中にも僭主と親しかったり、僭主だったりした者がいたため、ソクラテスが裁判にかけられ死刑を宣告されたのはそのせいだと考える専門家もいる。

プラトンの周りで起こったあらゆる出来事を考えると、権力や支配の影響について深く考えることになったのも無理はない。幸福と繁栄を達成し、抑圧や腐敗を回避するにはどのように社会を組織すればいいのか——その点がプラトンの最も主要な作品に織り込まれている。『国家』は典型的なプラトンの対話篇で、ソクラテスが主人公ではあるが、初期の対話篇とは異なり完全にプラトン自身の哲学を代弁していると研究者らは確信している。なので、ここでは〝ソクラテスあるいはプラトン〟という表現はしないし、『国家』についても深くは掘り下げない。個人的正義や社会的正義の定義から、魂と国家の類似点、さまざまな形の国家形態の説明やその関係性に至るまで、あらゆることを網羅した作品だからだ。それでもこの作品を取り上げるのは、次のようなプラトンの主要な基本前提を再現するためだ。普通の人間には欠点や弱点があり、他者を支配するという重大な任務には適していない。この考えを論理的な結論に導くと、重要な任務を担う人間は劇的な方法で洗練していかなければいけないということになった。

プラトンの理想国家には階級が三つある。完全なる守護者（統治者）、完全ではない守護者あるいは援助者（軍人）、そして労働者（社会に必要なものの生産者）だ。そして全員のために賢明な〝哲人王〟、つまり学のある専制君主を守護者階級から育てなければいけない。プラトンには君主をある種の超人間へと成長させ、洗練させるための驚くべき計画があった。

まずは統治者たちが、守護者階級の最も優秀な男女ができるだけ頻繁に性的接触をもつように計らう。一方で最も劣った男女はできるだけセックスをせず、その子供は育てられてはいけない。プラトンはそれを狩猟犬にたとえている。国家の守護者階級は〝群れが最高の状態にある〟ために遺伝子的に洗練されていなければいけないし、奇形児はいずれも〝排除〟されなければいけない。まともな形をしていて血統も良い子供たちは生まれてすぐに親元から離され、国家によって育てられる。親の身元を知らされることはなく、年配者全員を父母として敬い、同年代の者は全員が兄弟姉妹だ。そうすることで自分の一族にだけ忠誠心をもつことを避けられる。プラトンの考えではそれが明らかに国家内の腐敗につながっていたからだ（その分析は確かに正しい）。

子供たちは国家の監督の下、厳しい教育を受け、各学年の最優秀者が選抜され、哲人王となるためにさらに高度な教育を受ける。学び終える頃には腐敗することのない高潔で賢明な哲学者に育ち、私利私欲や利己的な欲望、忠誠心や名誉欲ではなく、国家と国民の利益のために無私かつ理性的な意思決定を行うようになる。

プラトンの計画は現代人には受け入れ難いものだが、本人も実行されるとは考えていなかったようだ。プラトン自身、実現可能かどうかにはかなり疑問をもっていた。実際には、権力者の重大な欠陥を指摘するなど、より包括的な進歩を目指していたのかもしれない。なぜなら人生経験が少しでもあるなら、遺伝子や教育によって腐敗しない人間を形成できるなどと思うわけがない。ここまで甚大な介入を行って人間の闇の部分を飼いならし、遺伝的そして社会的に人間を〝洗練〟しようとするなんて、むしろなぜその努力が非現実的なのかを議論するための材料だとしか思えない。それと同時に、敬愛する師ソクラテスを愚かな理由で殺害してしまった民主主義の統治形態に激しい憎悪を抱いていただろうことも否めない。プラトンにしてみれば、そんな欠陥国家は存在意義を完全に欠いていたのだろう。

もっとも、人間を形成するというプラトンの考えは、古代の現実から激しく逸脱していたわけでもない。アテナイの南西わずか約二百キロの場所に、強力なライバル都市国家があり、そこでは以前から、人間を望ましい形に形成する実験に本当に取り組んでいた。

スパルタのアゴーゲー

スパルタ全盛期の数百年後に生きたプルタルコスは著作『モラリア』の中で、アレクサンドロス大王の父マケドニア王フィリッポス二世がスパルタの指導者らとやりとりした様子を再現している。ギリシャの都市国家をいくつも制圧した後、フィリッポス二世は次の標的スパルタに手紙を送った。

〝友人として赴くべきか、敵として赴くべきか〟フィリッポス二世は傲慢にそう尋ねた。

スパルタ人の答えは簡潔だった。

〝どちらでもない〟

そうか――とフィリッポス二世は思った。誤解されたようだ。書き直そう。

〝もし私がラコニア（スパルタが所在したペロポネソス半島の南東部）に到達したら、スパルタを焼き払う〟二通目の手紙ではそう脅迫した。

しかしスパルタ人は簡単に脅されるような者たちではなかった。答えはたった一言。

〝もし（到達できればだが）〟

スパルタ人が勇敢な戦士だという伝説は、今でもよく知られている。古代ギリシャでは、地域の覇権をかけてアテナイと競合した都市国家だった。何世紀にもわたりアテナイとスパルタ、さらにそれぞれの同盟国の間で大規模な戦争が繰り返されたが、二国は単に権力を巡って対立していただけではなく、政治的、社会的、文化的に社会を組織するという点においてもまったく異なった見解をもつライバル同士だった。アテナイは長い間、直接民主制により統治されていたが、スパルタでは徹底したエリート支配が行われていた。アテナイで文学、哲学、演劇、芸術が花開いた一方、スパルタでは成人男性は例外なく国家の軍人あるいは官僚となった。この二つの都市国家に共通するのは、自由市民の社会生活を支えていた奴隷人口が大きかったことくらいだろうか。しかしアテナイの偉大な哲学者の複数――ソクラテス、プラトン、シノペのディオゲネスなど――がスパルタの体制を熱烈に支持していた（とはいえ遠くから眺めていただけだが）。

スパルタの政治体制の中心にあったのは**アゴーゲー**と呼ばれる教育制度で、男子は七歳になると家族から引き離され、今で言う寄宿学校のようなものに入れられて、基本的な読み書きだけでなくレスリング、ランニング、狩猟の訓練を受けた。アゴーゲーの生活は質素で、少年たちを鍛えるために、食べ物はわずか、靴もなく、服もほとんど着ず、寝るためには葦が与えられただけだった。厳格で苛酷な教育を意味するスパルタ教育という言葉はここから来ている。

少年たちはアゴーゲー内のグループに対して命賭けの忠誠心をもつように育てられた。本来の家族をこのグループに置き換えたようなものだ。成長するにつれて内集団はより大きな単位（学校の一クラスから一学年というように）になり、成人する頃には超のつく集団主義を叩き込まれ、国家に対する永遠の忠誠心を育んでいた。そして軍隊に入隊させられる。プルタルコスによれば、男は他の職業に就くことは許されていなかった。引退するのは早くて六十歳で、それでやっと、七歳以来初めて自分がやりたいことをやれるのだった。忠誠心、忠誠心、忠誠心、求めるのはそれだけ――とケンドリック・ラマーとリアーナも歌ってはいるが。

このように、スパルタのアゴーゲーとプラトンが描いた理想国家の教育制度には明らかな類似点があり、プラトンがどこからインスピレーションを得たのかは言うまでもない。プルタルコスによれば、スパルタでもやはり弱い新生児、あるいは奇形をもった新生児を遺棄していた。〝群れが最高の状態にあるために〟――それも理想国家の構造のインスピレーションになったのだろう。

このように、人間がもって生まれた自己保存や私益、家族への忠誠心といった本能を操作し、作り変えるというのは、古代から行われてきたことだった。しかしスパルタ人にとっては残念なことに、この類の教育は、たとえ目的は達成できたとしても良いことばかりではなかった。多くの専門家は、スパルタが軍国主義と国家への絶対的忠誠心に集中するあまり、高度な文化や科学、政治的な言説を発達させられなかったと考えている。もっと悪いことには、自分たちの教養に執着しすぎていたため、軍事戦術すら発展させられなかったという。紀元前四世紀初頭には続けて戦争に負け、古代ギリシャの権力を握るというスパルタの壮大な野望は永遠に幕を閉じた。人間の行動を一つの方向にだけ向けようとする努力は無駄だったのだ。

ゴルトンの統計

さまざまな方法で人間あるいは群れを〝洗練〟し、形成するという発想ははるか昔から存在したわけだが、進化論が発表されると、この考え方はまったく新しい現実味を帯びた。人間が動物であるのなら、人間の群れもそのように扱われるべき――十九世紀末にその理論を誰よりも推し進めたのは、チャールズ・ダーウィンのいとこだった。

フランシス・ゴルトン（一八二二〜一九一一）はイギリスの多才な知識人だった。いとこと同様に医学部は中退したが、一八四四年に父親が亡くなり、生きていくのに充分な額の遺産が入った。そこで仕事に就く代わりに、最大の喜びを与えてくれる二つのことに残りの人生を捧げることにした。その二つとは旅行、そしてあらゆる分野に統計を応用する試みだった。ゴルトンは犯罪学から気象学までさまざまな分野の論文を発表したが、彼が遺した知的遺産の一つに、ギリシャ語で〃高貴な生まれ〃を意味する優生学（eugenes）の概念を考案し、理論的に発展させたというのがある。

ダーウィンの『種の起源』に強く影響を受け、反宗教的だったゴルトンは人類がエデンの園から転げ落ちた種ではなく、世界を上り詰めんとする種だという物語を受け入れた。その洞察から、進化のプロセスを加速したほうがいいという考えに至り、ちょうど二千年前にプラトンがやったように、ゴルトンもまた〃群れ〃を改善するために、国家主導で益となる資質のカップルを引き合わせるべきだと提言した。同時に、劣った資質のある人間たちは僧院や尼僧院に追いやり、その遺伝子が受け継がれるのを防ぐ。それでは何も目新しいことはない――と思われるかもしれない。しかしゴルトンは分析をさらに一歩進めた。統計にとり憑かれていたゴルトンは、統計を使って過去二百年にわたって〃評判が良い〃とされた家系のほうが能力ある子孫を残すことが多かったことを算出し、それをハードデータとして〃遺伝的優越性〃という理論の裏づけにしようとしたのだ。その研究はやったかいがあったようだ――ダーウィンその人が数年後に、〃ゴルトンのおかげで知性が遺伝することを確信した〃と書いているからだ。人間が自身の進化を制御し、人間を形成するという発想に、突然新たな重みが加わった。
ゴルトンが結論に達するために使った手法は、現代の科学研究ではとても認められないレベルのものだ。社会的地位の高い家庭に生まれた人間は、農家に生まれた人間よりも政治家、弁護士、芸術家、科学者、作家などゴルトンが評価に値すると見做《みな》した職業に就く確率が天文学的に高かったはずだ。ゴルトンがどれだけ反論しようとも、そこに反論の余地はない。同時に、現代の研究結果は、皮肉にもゴルトンがある意味正しかったことを示している。創造性や知性には強い遺伝的特徴があるのだ。

ただ問題は、遺伝パターンがとんでもなく複雑なことだ。たとえば知性は一つや二つではなく、千を超える遺伝子に依るものであり、各遺伝子がそれぞれ〇・一％程度の貢献をしている。これらの遺伝子は生殖細胞ができた時点で交ざり、黙らされ、追い出される。つまり一世代飛んだり、時間の経過とともに完全に消えてしまったりすることもある。あるいは単独ではそういう組み合わせの遺伝子はもっていなかったのに、その特性をつくる遺伝子を幸運にも各親から受け継ぐこともある。きょうだいでも特性が違うし、親とも違うのはそれが理由だ。次世代では遺伝子がさらに交ざり、次の世代でまたさらに交ざり、同時に突然変異も自然発生する。永遠に続く遺伝物質の交ざり合いが、一段階ごとに複雑な特性を変化させていくのだ。ゴルトン自身も後にそのことに部分的には気づいていた。

エンドウマメの種子の重さという、単純な特性の遺伝性を研究していた時に、数世代程度では取捨選択して望ましい特性だけを残すのは難しいことがわかったのだ。晩年のゴルトンは、進化という気まぐれで自発的なものを制御するための方法を探し続けるように――と人類に推奨するにとどまった。

優生学から生まれた犯罪

ゴルトンは、自分の理論がどれほど恐ろしい事態を引き起こすかを想像できなかっただろう。二十世紀初頭には（疑似）科学的な優生学が当時の国家主義の大きな流れと結びついてしまった。邪悪な同盟が結ばれた結果――とはいえ基本的には当時の法律の範囲内だったが――さまざまな〝人種〟や〝国家〟を〝浄化〟し〝保存〟する目的で、個人や民族全体に対して数多くの道徳的犯罪が行われた。望ましくない特性をもつ人々は、浮浪者から売春者に至るまで、遺伝子のせいだとされ、とりわけ米国、英国、北欧諸国などでは大規模な国家キャンペーンにより強制不妊手術が施された。このムーブメントが頂点に達したのは、ナチスが〝望ましくない分子〟に対して行った組織的な粛清、そして〝アーリア人〟兵士を使っての〝アーリア人〟強化のための選抜交配プログラムだ。プラトンはもちろんナチス支持者ではなかったが、プラトンの〝群れ〟を洗練させるという理論上のアイデアから、ナチスの人種政策までまっすぐ線を引くことが可能だ。

第二次世界大戦後にはナチスによる甚大な人道犯罪が発覚し、優生学というムーブメントは抑圧された。大規模な国家レベルの人種生物学機関は閉鎖されたか、親しみやすい名前に変更され、長い時間がかかったとはいえ強制不妊手術プログラムも廃止された。〝洗練する〟という理論上のアイデアを実行に移した時に何が起きたのかを見て、あたかも人類が怯んだかのようだ。とてつもない数の同胞の死、断種、あらゆる類の惨状――〝群れ〟を形づくり向上させるという考えを、世界がきっぱり放棄したかのように見えた。

しかし数年前に、すべてを変えてしまう出来事が起きた。

インテリジェント・デザイン

「インテリジェント・デザイン理論に期待している」と誰かが言うたびに私は驚く。たとえ神が人間を創造したという説を受け入れるにしても、人間の身体の設計が非常にまずいことを考えると、知的な誰かがデザインしたとはとても考えられないからだ。

頭の大きさだけとってみてもそうだ。われわれの脳はバランスが悪いほど大きく、そのせいで頭蓋骨が巨大になり、昔から出産時に数え切れないほど合併症を起こしてきた。それに加えて脳は損傷を受けやすい上に治癒しづらいという最悪な特性が組み合わさっている。免疫システムもしょっちゅう異常を起こしては、自身の組織を攻撃する。信じられないことに、非現実的なまでに脆弱なわれわれの身体は正常に機能するために一日の三分の一もの時間、完全に機能を停止しなければならない。露出した場所についている睾丸のことは言うまでもない。つまり改善の余地はいくらでもあるということだ。

もし自分の身体を変える力があったなら、変えただろうか。どんなふうに改善をしただろうか。どういう欠陥を排除した？　こういった質問はかつてはSFというジャンルに属していたが、今ではCRISPR《クリスパー》という新しい遺伝子編集技術によって現実の懸念事項になった。

遺伝子のハサミ

科学の発展は真っすぐには進まない。たとえば科学者たちはずいぶん前からハンチントン病の原因が突然変異した遺伝子であること、それを修復する理論上の方法も知っていた。ただ問題は、誰も人間の遺伝子を修正する技術を開発できないことだった。科学者たちは答えを手にしていても、手段をもっていなかったのだ。

一方、当時ウメオ大学で微生物学者エマニュエル・シャルパンティエのグループが細菌がどのようにウイルスの攻撃から身を守るのかを研究していた。細菌もウイルスに感染することがあって、そのウイルスはバクテリオファージと呼ばれている。シャルパンティエはカリフォルニア大学バークレー校のジェニファー・ダウドナの研究グループの協力を得て、二〇一二年に共同でCRISPRシステムのメカニズムを解明した。CRISPRの酵素はある種の細菌免疫システムを形成し、感染を止めるためにウイルスゲノムを認識して嚙み砕いてしまう。二人はすぐに自分たちの発見が秘める可能性に気づいた。細菌のCRISPR酵素を再適応させれば、遺伝子治療が長いこと待ち望んできた〝遺伝子のハサミ〟を開発できるのだ。この発見により、二人は二〇二〇年にノーベル化学賞を受賞している。

技術的な観点から見ると、細菌の免疫システムに関する基礎研究が医学の躍進につながったのは驚くべきことだ。CRISPRのおかげで、近い将来、革新的な方法で遺伝性疾患を治療したり、癌を治療したりできるようになるだろう。今度政治家がポピュリズム的に「イノベーション研究と起業家精神に資金投資をすべきだ」と吹聴したら、最大の技術進歩の多くが基礎研究から生まれていることを思い出させたほうがいい。

長年研究をしていると、〝科学的進歩〟という表現には慣れきってしまう。権威ある科学雑誌には毎号のように、〝長年の定説を革命的に覆す発見〟だと大胆に謳う記事が二、三本は掲載されている。しかし時間が経つとそのほとんどが――というかほぼ必ず――研究著者たちが言うほど驚異的な発見ではないことが判明する。定説が定説だったのには理由があるのだ。そのため私自身がコペンハーゲン大学でのポスドク時代にCRISPRを使い始めた時も、それが期待どおりに機能するとはあまり期待していなかった。しかし、その懐疑的な先入観は恥ずべきものだった。CRISPRはホンモノだったのだ。おそらく私が研究で使ったことのある中で最も強力な遺伝子ツールであり、細菌がいかにして抗生物質に耐性をもつようになるかという、新しくて刺激的な生物学の発見にもつながった。

このように遺伝子編集の研究は近年、猛烈な勢いで進歩している。一方で法律や世間が追いついていない。しかしCRISPRの秘める力は非常に大きいため、民主的に従属させなければならない。そして研究の民主化には世間の関心と理解が必要だ。それによりその分野が謎めいては見えなくなる。一見とても理解できそうにないと思う分野であってもだ。私は他の研究者の命名システムを批判する立場にはないが、Clustered Regularly Interspaced Short Palindromic Repeats（クラスター化され、規則的に間隔があいた短い回文構造の繰り返し）という名前は素人には恐ろしく聞こえやしないだろうか。CRISPRという短縮形ならわずかに好感がもてるだろうか。今から良い名前をつけるとしたら、GenGenerator（遺伝子ジェネレーター）、Eazy DNA Exchangify（カンタンＤＮＡエクスチェンジファイ）、あるいはもっと恐ろしい名前Species Exterminator（種のターミネーター）なんてどうだろうか。この技術は実際、それらすべてを兼ね備えているのだから。

ではＣＲＩＳＰＲに何ができるのか——これのおかげであらゆる有機体の遺伝子編集が飛躍的に容易かつ安価になった。今ではラボで人間や動物、植物のゲノムに簡単に遺伝子を切り貼りすることができる。以前は何千年もかけて他家受精をしなければできなかった植物の育種が、数日でできるようになった。特定の種に属する遺伝子を、わずかなリソースで他の生物に移すこともできる。私でも、ＧＦＰ（緑色蛍光タンパク質）と呼ばれるクラゲのタンパク質をゲノムに入れることで、緑色に光る人間細胞を簡単に創り出すことができる。まったく新しいやり方で進化を制御できるようになった。フランシス・ゴルトンが待ち望んでいた技術がついに登場したのだ。

遺伝子技術を使って、何カ月も腐らないトマトや干ばつにも耐えられる作物、マラリアを媒介しない蚊、警察や軍のために超筋肉質な犬などが生み出された。試験管の中では、嚢胞性線維症、鎌状赤血球症、ハンチントン病などの遺伝性疾患の原因になるＤＮＡ異常を修正したり、健康な細胞のＤＮＡを切り貼りしてＨＩＶへの耐性を強めたり、腫瘍細胞に対する攻撃性を高めることもできる。癌治療におけるＣＲＩＳＰＲの効果を調べる臨床試験もすでに始まっている。

しかしこの技術は破壊的な目的に応用することもできる。遺伝子ドライブ（特定の遺伝子が偏って遺伝する現象）と組み合わせれば、生物のゲノムに遺伝子の地雷を埋め込むことができ、それには地球上から種全体を絶滅させてしまうほどの力がある。このことはすでにショウジョウバエを使った実験で証明されているが、われわれが望むなら、今後は蚊が一匹もいない夏を過ごすこともできるのだ。あるいは間違った人間の手に渡り、地球にいなくてはならないミツバチを全滅させてしまう可能性もある。

子孫の生物学

ＣＲＩＳＰＲの応用分野で最も物議を醸しているのは、ヒト生殖細胞の操作だ。体外受精させて人間の胚を作り、研究室で好きなように遺伝子を操作し、それを女性の子宮に戻してデザイナーベイビーを生み出すということが実際にできてしまう。つまり悩むとすれば、可能なら自分の生体を変えたいかどうかではなく、子孫の生体を変えたいかどうかだ。ほとんどの国では、人間に受け継がれる遺伝子を操作することは禁じられている。しかしそれもあとどのくらいもつだろうか。多くの識者は、この技術を生殖細胞に応用するとしたら、最初は両親がもつ遺伝性疾患から胎児を守ることに使うということで意見が一致している。それ自体に害はない。しかし遺伝子によって病気を防ぐことと能力を高めることの線引きは明確ではなく、グレーゾーンが存在する。将来、遺伝子編集に関する法律は、オリンピックに新しい競技を採用する時のように決めることになるのかもしれない。〝筋ジストロフィーは深刻な病気だから採用すべき〟というように。

進化を超える力

病気を予防するために遺伝子を変化させる行為は、〝人間拡張〟にも重なる。遺伝子編集により子供が太らなくなり、記憶力が良くなり、寿命も長く持久力も高くなるとしたらどうだろう。考えただけでも虫唾《むしず》が走るかもしれないが、この問題を真剣に受け止めるためには細かな違いにも注目しなければいけない。合理的に考えるとほとんどのことは親たちがすでに、非遺伝子的手段によって自分や子供のためにやっていることの延長にすぎない。現在の道徳観に判決を下すつもりはないが、社会的地位、食生活、適性そして業績が文化の中心的な役割を果たしているのは言うまでもない。健康な子供やより良い前提条件を求めることは、それが遺伝子のレベルの話になったからといって急に道徳的に非難されるべきことなのか？　そういったことを自分の子供に望むこと自体が間違っているのか、それとも効率的に達成してしまうことが間違っているのか、そこを問わなければいけない。

遺伝子編集のジレンマにおいて無視できない重要な点が平等性だ。仮に、新しい技術にはつきものの懐疑的な議論を経て、社会が胎児の遺伝子編集を受け入れたとしよう。そうしたら、経済力のある上流階級が永続的に自分たちの遺伝子を強化していくのだろうか。なにしろ誰もが子供を〝洗練〟する経済的余裕があるわけではないのだから。あるいはその技術が安価になり、先進国では誰もが広く利用できるようになったら、親は他人と比較して子供が不利益を被らないように遺伝子を編集しなければいけないプレッシャーを感じるだろうか。あるいは世界の豊かな国々だけが遺伝性疾患から解放され、機能も強化されていくのか。われわれが今取り組んでいる無数の社会問題にはどのような影響があるのか。ひょっとして人工的に複数の人類種を創ってしまえるのか？　〝アップグレード〟された人々と会う時には自分も遺伝的純度を示すＩＤを携帯しなければいけなくなる？　現在のヒエラルキーに代わって、どんなヒエラルキーが登場するのか。ディストピア小説が好みなら、このＣＲＩＳＰＲによりどんな発展が起きるのかを想像できるだろう。遺伝子編集競争、スーパーソルジャー、ハイブリッド生物――。

テクノロジーを完全に禁止するのも、倫理的に簡単なことではない。その代償を払うのはハンチントン病の子供たちや遺伝性疾患をもつ人々だ。救える技術が存在するにもかかわらず、患者が苦しみ早く死ぬことを許容するのか。複雑な問題だが、未来はもうすぐそこまできている。デザインのセンスがあり、制御ボタンに指をかけている知的な生き物は、これらのシナリオにどう対応するのだろうか。そろそろ決めなければいけない時間だ。

世界初の遺伝子組み換え人間

イギリスが生んだ偉大な遺伝学者J・B・S・ホールデン（一八九二～一九六四）は、クローンやクローニングという用語をつくった人物で、一九六三年に未来を推測してこのように書いている。〝人間の遺伝子組み換えは、おそらく数千年先に待っている〟

それから五十五年も経たないうちに、中国の研究者、賀建奎《フー・ジェンクイ》が人間の胚のCCR5という遺伝子にさまざまな塩基配列を切り貼りして、それを女性二人の子宮に戻した。その結果、通称ルルとナナと呼ばれる双子（二〇一八年生まれ）、さらに身元不明のもう一人の子供（二〇一九年生まれ）が誕生した。賀によれば、子供は三人とも健康で奇形なしに生まれたという。世界初の遺伝子組み換え人間の登場だ。生物学の世界では数千年があっという間に過ぎるようだ。

賀自身がそのことを二〇一八年に香港で開催された人間の遺伝子編集に関する国際会議で明らかにすると、大きなスキャンダルになった。技術の安全性を確保し、社会が認める日が来るまで、人間の子供には使わないというコンセンサスがあったのに――会議の参加者たちは大きな衝撃を受けた。勝手にそのコンセンサスを破ってフライングした研究者がいたのだ。しかも何のために？　ただ自分が一番になりたかっただけ？　会議は騒然となった。

賀自身は、子供をＨＩＶ感染から守るために耐性をつけたと説明した。ＨＩＶウイルスグループの多くは、ＣＣＲ５タンパク質を使って人間の細胞に侵入する。ウイルスにとっては磁石のような存在だ。ＣＣＲ５遺伝子の変異は自然発生し、変異をもつとウイルスがそのタンパク質を使って細胞に侵入できなくなり、一定のＨＩＶウイルスに対して生まれもった防御を備えることになる。賀はルルとナナの父親がＨＩＶ陽性だったため、子供たちを守るために遺伝子編集を行ったと主張している。

しかし反対派はまったく納得しなかった。そもそも子供たちが父親から感染する可能性は最小限であるし、賀が主張したようなＣＣＲ５の遺伝子編集ができていなかったことも判明した。つまりウイルスの防御にはなっていない可能性がある。しかし何よりも恐ろしいのは、その技術が変えたくないゲノム部分にどのような副作用をもたらすのか、誰にもわからないことだ。賀は子供たちの健康を賭けてロシアンルーレットをしたのだ。栄光と名声を得るためにフランケンシュタイン博士のような振る舞いをして、自分に制御できる範囲を踏み越えた。しかし怪物を創り出したわけではない。生まれたのは三人の幼い子供で、意思に反して遺伝子編集され、健康と幸福に予測不能な危険性をはらんでいる。賀の研究は倫理的に弁護の余地がなかった。

生物物理学者の賀は勤務していた深圳の南方科技大学を解雇された。二〇一九年十二月には倫理審査の資料を偽造したことと、胚を扱った医師らを騙した罪で中国の裁判所から懲役三年と罰金刑を言い渡された。これで賀の科学者としてのキャリアは終わった。堕落の深みから、英知のささやきが聞こえてきそうだ。〝平穏の中に幸福を求め、貪欲に名誉を求めるな〟

ホモ・スフィンクス

人間はどのように形成可能なのか——その答えは周知のごとく、〝遺伝と環境によって〟だ。本章と道徳の起源に関する章で見てきたように、良くも悪くも外的要因が人間の行動に大きな影響を与えることがある。スパルタはアゴーゲーという過激な制度を用いて、国家の利益になるように行動を抑制し強化することで国民を形成しようとした。それほど過激ではないにしても、今でも世界中の学校が同じ目的で機能しているとも言えるだろう。われわれの思考、発想、反応や行動は、育った環境や身を置く環境に大きく影響される。自分自身を理解している者はそのことを知っているはずだ。しかし本当の形成可能性、見方によっては危険性とも言えるそれはハードウェア、つまり生体を変化させるところにある。

人間は真核細胞でできた生物だ。その細胞は無限の種類のプログラムを実行できるコンピューターのように、あらゆる遺伝子を発現できる。しかし今までは有性生殖によってアクセスできる遺伝子プールが限定されていた。他の人間との間にしか子供をつくることができないので、突然虫の遺伝子を組み込んで新しい能力を手に入れたりすることはできなかった。

しかし遺伝子編集技術を使えば、自然本来の種と種の間の壁をも打ち破ることができる。先述のとおり、たとえば蛍光タンパク質のような外部の遺伝子を簡単に人間の細胞に入れ、発光させることもできる。しかしそれで満足する必要もない。自然界には存在しない合成酵素をつくって、その遺伝子を自分たちの細胞に入れることもできる。そうすれば進化の過程で自然には獲得できない生化学的機能を得られる。ＤＮＡの損傷をより効率的に修復することで、人間の寿命を延ばすこともできるだろう。

しかし問題はそういった複雑な特性が、信じられないほど複雑な相互作用と影響を与え合う多数の遺伝子によって成り立っていることだ。どんなふうに遺伝子が相互作用するのかは今現在まだわかっていないから、理論上ハードウェアにインストールすることすらできない。つまり倫理的な配慮だけでなく、知識がまだ足りないこと、遺伝子編集技術が初期段階だという現実にも妨げられているのだ。もっとも、Ｊ・Ｂ・Ｓ・ホールデンとはちがって、人類がこの知識と技術の問題を解決するのに何千年もかからないことをわれわれは知っている。しかし問題はこの技術が間もなく導入され、われわれの真核細胞システムにさまざまなプログラム――さまざまな遺伝子のセット――を自由に実行できるようになったらどうなるのかだ。

赤外線を感知する器官をもった人間。光合成できる人間。人間と鳥の遺伝子を半々もった空飛ぶハイブリッド生物。新しい機能を脳や他の臓器が処理できるのかどうかは不明だ。となると次のステップは、脳や他の器官をつくっている遺伝子も変えることになる。生物学的には何の弊害もない。ただ恐ろしい試行錯誤が繰り返されるというだけで。ホモ・スフィンクスが現れようとしている――問題はそれが望まれているかどうかだ。

第五章

何が社会の興亡につながるのか

What causes the rise and fall of society?

アースシード

SF作家オクテイヴィア・E・バトラー（一九四七〜二〇〇六）はディストピア小説『種播く人の物語』の原稿をエージェントに送るさいにこんなコメントを添えた。〝種播く人の多くは、自分たちが教えられてきたことを真剣に信じています。つまり、〈神は変化である〉ことを。そういった人々のほうが新しい世界に適応できる可能性が高い。もっと可能性が高いのは新しい脅威を受け入れ、うまく対処すること。宇宙へ旅立ち、どこかの星に根を張るのは簡単ではないけれど、そこで繁栄する人々はいるでしょう〟

考え方次第だ——とストア派なら言っただろう。

バトラーは背の高いアフリカ系アメリカ人女性で、深い声をもち、いつも真剣な面持ちをしていた。極端に引っ込み思案な性格とは対照的にカラフルなブラウスやブレザーを着ていて、厳格なキリスト教家庭で勤勉に働くシングルマザーに育てられた。〝家で禁止されていないことといえば書くことだけ、というような環境でした〟バトラーはインタビューでそう語っている。だから少女は書いた――十歳の頃には文章を書き始めた。八〇年代半ばに短編小説が高く評価され、これまで白人男性の独壇場だったSFというジャンルで成功した数少ない、いやひょっとすると唯一の黒人女性作家だ。一九九五年にマッカーサー財団の〝天才賞〟と呼ばれる奨学金を授与されているが、バトラーの前にも後にもSF作家が選ばれたことはない。

代表作に『種播く人の物語』（一九九三）と『才ある人の物語』（一九九八）から成るディストピアのシリーズがある。二〇二四年、崩壊寸前のアメリカに暮らす十代の少女ローレン・オヤ・オラミナを中心に物語が展開していく。気候変動により自然が破壊され、森が燃え、海面が上昇し、資源が不足する中で、独裁的な大統領が国を統治し、外国企業は国家中の国家のように振る舞い、人々はひどく搾取されている。ローレンの故郷ロブレドでも、防御塀の外では貧困が蔓延し、極めて危険な状態だ。

ついに塀が崩壊し、ローレンは家族を殺され逃げることを余儀なくされる。しかしローレンは普通の少女ではなかった。生まれつき超共感能力があり、同胞の痛みを激しく感じる。そんな能力のおかげでなんとか仲間を集め、〝アースシード〟という新しい宗教を設立する。アースシードにとっては、滅びゆく地球を離れ、新たな惑星を探すことが人類の宿命だ。アメリカ国家と何度も戦闘を交えた挙句、主人公の側が勝利する。ローレンは高齢で亡くなるが、同時に最初の宇宙船がいちばん近い恒星系のケンタウルス座アルファ星に向けて飛び立つ。

著者はこのシリーズを、アースシードの宇宙植民地を舞台にした作品で締めくくるつもりだったが、長期にわたるスランプと、脳卒中による五十八歳という早すぎる死により実現できなかった。しかし不寛容やアウトサイダー、人間の暴力的な本性などを描いたこのシリーズは、SF文学の中でも最もよく読まれている作品の一つだ。

このシリーズのメインテーマは地球温暖化と気候変動だ。今ではすっかりなじみ深い主題になり、劇的な環境の変化という要素を採り入れないポップカルチャーを想像するほうが難しい。気候変動により資源が急速に枯渇し、ひいては社会の安定が揺さぶられるということを、今のわれわれは充分に承知している。〝神は変化だ〟という考えに基づくのも悪くない。

われわれは、未来を想定するに当たっては常に環境要因を考慮する一方で、過去の社会の興亡を分析するさいにはその点を無視する傾向があった。歴史の分析では主に人的要因、つまり指導者が優秀なのか劣悪なのか、戦争が運んでくる幸運と不運、技術の飛躍や停滞、うまく機能した政治制度あるいは腐敗した政治制度といった要因に焦点が当てられてきた。もちろん、そういったことは確かにどれも社会がうまくいくかどうかを大きく左右する。しかし新しい研究では、人的要因だけですべてを説明することはできないことがわかっている。歴史研究家のカイル・ハーパーが言うように、〝歴史は常に気候というファンドに対して展開する〟のだ。

何が社会の隆盛そして崩壊の原因をつくるのだろうか。科学的な発見を掘り下げる前に、フィレンツェ、パリ、そしてラ・ブレードの中世の城へと赴き、名だたる政治思想家たちがこの問題に対してどんなことを言ったのか見てみよう。

マキャヴェッリのソーセージ工場

教会の鐘が不吉に鳴り響く。そこに典型的なバスドラム二発、スネアドラムが四拍子で続く。〝おれの名はマキャヴェッリ〟有名な歌声がそう告げる。〝キルミナティ……全身を貫く震動は十二口径の一撃のよう〟そしてまた教会の鐘が鳴る。

そして神は自分のひとり子を遣わすと言った

野蛮な人々を人の道に導くために
ついてこい！

『Hail Mary』は伝説のラッパー、2パックことトゥパック・シャクールの死後にリリースされたアルバム『The Don Killuminati：The 7 Day Theory』に収録されている。自身の音楽スタイルを十二口径のショットガンにたとえたヒップホップ界の永遠の名曲だ。パラノイアな暗い歌詞に加え、聖書の引用はラッパーのアイコンだった2パックの死（一九九六）を予言しているかのようだ。2パックはこのアルバムがリリースされる二カ月前に、弱冠二十五歳で横づけされた車から銃撃され死亡した。

死の直前、中世フィレンツェの政治家が著した本を読んで強く影響を受け、そのイタリア人に敬意を表して芸名を変えたほどだった。『Hail Mary』の冒頭でも新しい名前を披露している。2パックはマキャヴェッリになった。

ニッコロ・マキャヴェッリ（一四六九〜一五二七）自身は、自著の魅力が時代や文化を超え、死んでから五百年後に（彼にとっては）未知の大陸のラッパーが自分の名を名乗るとは想像もしていなかっただろう。『君主論』を書いた折（一五一三）、フィレンツェのマキャヴェッリにそんな野心はなかった。なんとか自分の有能さをアピールして、顧問として権力の回廊に戻ろうと苦心していただけで。

マキャヴェッリは典型的な哲学者とは言えない。著作も論理的推論に基づいておらず、主に歴史経験に基づく知識によるものだ。〃行動xではうまくいかなかったが、行動yならばステーキが手に入った。だから君主は行動yにそって行動すれば最良の結果を得られる〃といった調子だ。しかし文中でのシニカルな分析はそれ以前に書かれたどんな書物とも一線を画すため、やはり歴史上最も影響力のある政治思想家の一人と言ってよいだろう。新たな時代に向けて、新しい政治的言説の扉を開けた人物なのだ。

マキャヴェッリは激動の時代に生きた。一四九四年にフィレンツェを統治していた強力なメディチ家が権力の座を追われたのち、若きマキャヴェッリは瞬く間に政治のヒエラルキーを登り詰め、フィレンツェという都市国家で高位の外交官そして顧問のポジションを手に入れた。しかし歴史上何度も繰り返されてきたように、運命の輪がまた回り、メディチ家がスペイン軍を連れて戻ってきて、再びフィレンツェの権力の座に就く。マキャヴェッリは逮捕され、投獄されたり拷問を受けたりもしたが、新しい統治者にとり入ろうと、ロレンツォ二世・ディ・メディチに『君主論』を献上する。影響力ある友人らの助力で最終的には冷凍庫から出してもらえたものの、権力からは一定の距離を置かれたままだった。キャリア初期のような出世をすることはないまま、一五二七年に五十八歳で亡くなっている。

マキャヴェッリは間違いなく、君主ひいては社会の栄枯盛衰は、偶然の出来事や苦境に陥ったさいに君主がどう行動するかで決まると信じている派だった。プラトンのような哲学者が理論的に理想の政治制度を模索した一方で、マキャヴェッリはユートピア的な考えを激しく批判していた。君主個人の成功と社会の安定がもたらされるかぎり、あとは何でもよかったのだ。敗北した反乱軍に慈悲を与えるのは寛大な措置だが、それでは政治が長期的に不安定になり、誰の利益にもならない。それならば反対勢力は残忍に公開処刑して見せしめにしたほうがいい。公正で正直で忠実であることは理想としては素晴らしいが、君主たるもの不当や嘘、あるいは不誠実に行動することをためらってはならない——それで大衆に平和と秩序がもたらされるのであれば。したがって、個人的な道徳観念は捨てて、自分の権力だけでなく国民のためにも不道徳な、時には残忍な決断を下す心構えこそが、君主としての非感傷的な義務である。そうやって初めて君主と国家が繁栄することができるのであり、そうでなければ滅ぶ。

これほど率直でシニカルな現実政治の考察は、これまで君主の鑑《かがみ》とされてきた教会の理想、善良で敬虔な支配者のイメージに大きく反した。しかも支配者に実践的なアドバイスを与える作品で、あたかも何者かが政治のソーセージ工場の手口を初めて明かしたような状態だった。マキャヴェッリの作品には多くの批判が集まり、今でもマキャヴェッリ的と言うと、狡猾に相手を操る、利己的な行動を指している（ただし、『君主論』が書かれる遥か昔から、教会の権力者たちが傲慢で残忍な行動を得意としていたことも言及しておきたい）。

ホッブズの海の怪物

一方で、マキャヴェッリの非感傷的なアプローチに救いを見出した者もいた。マキャヴェッリに影響を受けた主要な政治哲学者が、やはり激動の時代を生きたイギリス人トーマス・ホッブズ（一五八八〜一六七九）だ。清教徒革命が激化し、チャールズ一世は議会と対立して退陣させられ、断頭台で頭を失うことになった。その後はオリバー・クロムウェルが事実上の独裁者として国を統治したが、当時のイングランドは内戦で疲弊していた。不安定な政治情勢に、教会が公の言論を制御する力を徐々に失っていったことも相まって、十七世紀半ばには一連の啓蒙哲学者たちが、社会を組織する最善の方法について理論化できる可能性が開かれた。トーマス・ホッブズ、ジョン・ロック、アダム・スミス、デイヴィッド・ヒュームらがこの分野のオールスターだ。そこに南側の隣人で重鎮、フランスのジャン＝ジャック・ルソー、ヴォルテール、シャルル・ド・モンテスキューを加えることができる。今の世界を形づくった政治的思想の多くは、一六五〇年から一七五〇年という特筆すべき一世紀の間に生まれている。

当時はまだ、人の記憶にあるかぎり昔からのことだが、父なる神が王や王子、皇帝を任命し、君主は神から与えられた権利により統治しているとされていた。しかし当時としては可能なかぎり無神論者に近かったホッブズは、自らの思想体系の前提として神からの権利以上のものを要求した。合理的な議論を求めたのだ。

傑作『リヴァイアサン』(一六五一)は、君主主義者であったホッブズが革命を逃れて亡命したパリで書かれたもので、自身の政治観を非感傷的に記している。文明以前の自然状態にある人間の存在を想像してみよ。そのような存在は〝孤独で、貧乏で、不愉快で、下賤で短い〟ものであったにちがいない。全員が資源や資産をめぐって争い、無秩序と悲惨さが蔓延していたはずだ。〝戦争において最も重要な美徳は暴力と詐欺である〟ホッブズはそう書いたが、まるでマキャヴェッリの言葉のこだまのようだ。

人類はこの惨めな原始的状態から逃れるために、協力して社会を組織してきた。もっとも、協力には代償がつきものだ。ゲームにおける共通のルール、つまり〝社会契約〟に漕ぎつけなければいけない。それで身近にいる人間たちとの平和な共存が可能になる。でなければコンセプト全体が崩壊するのだ。

ホッブズによれば、人間がこれを達成できる方法は一つだけで、集団においては全員を統治する主権者（できれば王）に自発的に個人の権力を渡さなければいけない。この権力の譲渡により住民は全員平等に無力となり、互いに抑圧することができなくなる。つまり主権者だけが横暴にふるまうことができる。その理論的契約が社会に平和と安定をもたらし、住民が幸福になるための最大の機会を与えてくれる。

しかしそれだけではなかった。ホッブズは主権者が単独で、かつ一切干渉されない形で統治するべきだと考えたのだ（自己防衛の場合にかぎり住民の抵抗権が認められているものの）。そうでなければ住民が内なる闘争に後戻りし、権力を奪う隙を見つけてしまうからだ。この考えは当然大規模な権力の集中につながるが、ホッブズは国家を聖書に出てくる海の怪物リヴァイアサンに喩えている。社会の健康は、権力の自発的な譲渡が自分たちの利益になることを——神が命じたからではなく——国民が理解できるかどうかにかかっている。純粋に自己保存のためにそうするのだ。

社会をなぜ、どのように組織するべきかというホッブズの合理的な議論は、その後登場する政治理論家にとっても優れた基礎になった。ホッブズの反対派にとってもそうで、ロック他一部の哲学者はホッブズの政治モデルに疑問を呈している。リベラル派は、全員のためになる共通の権利を法制化するほうがずっと良いと考えた。そこには貧しい人や土地をもたない人も含まれ（それは当時としては革命的な考え方だった）、人々をお互いから守るだけでなく、権力からも守るのが目的だった。

ルソーの高貴な野蛮人

他の哲学者たちは、ホッブズが粗暴な自然状態を基本前提としていること自体を攻撃した。原始共産主義者と呼ばれることもあるジャン＝ジャック・ルソー（一七一二～一七七八）は、人間の自然状態が悲惨で醜いものであるという考えに強く反対し、むしろ輝かしく栄誉あるものだとしている。ルソーはそこで**高貴な野蛮人**、平和の中で自然や仲間と調和して暮らす、幸せで自由な人間の概念を提唱する。〝土地の一部を柵で囲い、「これは私のものだ！」と宣言することを思いつき、それを信じるほど人々が単純であることに目を付けた最初の人間こそが、社会の真の設立者だ。誰かが杭を引き抜き、溝を埋めて、仲間に「これは詐欺だ、気をつけろ！　土地の恵みは全員に与えられたものだということを忘れたら、それに土地は誰にも属さないことを忘れたら、お前たちの負けだ！」と叫んでいたら、人間という種はどれだけの犯罪、戦争、殺人、不幸や恐怖を免《まぬか》れられただろうか〟ルソーの考えでは、文明が野蛮人を腐敗させ、今のわれわれは権力、土地、贅沢その他のくだらないものを追いかけて理性を失った雌鶏のように駆け回り、世界を破壊し、お互いを抹殺している。ルソーにしてみれば、社会の隆盛と衰退の細かい原因は興味深いものではなかったのだろう。焦点を当てるとしたら、文明の不当な精神的、肉体的束縛からいかにして自分を解放するかだ。

＊

ホッブズの権威主義体制は当然のことながら問題をはらんでいた。絶対君主が無能だったり、独裁的だったり、腐敗していたり、利己的だったり、気が狂っていたり、無関心だったり、顔がオレンジ色に日焼けしていたりしたら、社会はどうなってしまうのか。まさにその懸念のせいで、プラトンは二千年も前に『国家』を著したのだ。

多くの国においてそれは理論上の問題ではなかった。無価値な支配者を現実の人生において数え切れないほど見てきたのだから。とりわけローマ帝国崩壊後に出現し、中世ヨーロッパに広まった封建制度は、まさにそんな支配者の見本市だった。しかし影響力の強い臣下が次第に君主から権力を奪い（君主は税金や軍事力のために臣下に依存していた）、西ヨーロッパでは十七世紀以降封建制度に変化が生じた。まず貴族の議会が君主の権力を制限し、次にブルジョア資本主義システムが普及し、最後に革命が起きるか普通選挙による民主的統治が確立された（もちろん時期は地域によって大きく異なる）。しかし近世と呼ばれる一五〇〇〜一七八九年頃はずっと、君主の生まれもった権力が大規模に存続し、経済システムとしての封建制度が貧しい農民を残酷なまでに搾取していた。

フランス王室ブルボン家は、この時代のヨーロッパで最も強力な一族だった。ルイ十四世から十六世まで続く伝説的な専制政治と贅沢は、教育を受け意識の高まった国民の間に怒りと嫌悪を巻き起こし、よく知られているようにフランス革命でそれが最高潮に達した。つまり多くのフランス人にとって、ホッブズの〝解決策〟は内なる安定を与えてくれたとしても、他に重大な問題を引き起こすことが明白だったのだ。

啓蒙哲学者たちはそういった問題に取り組むこと、そして社会を根本的に改善することが自分たちの使命だと考え、まずはいくつか実際的な問いの答えを探した。国家の権力機構はどのように変わるべきなのか。誰が権力行使に関わるのか。どんな自由と権利が存在し、誰に帰属するのか。将来的な制度においては専制と腐敗をいかに防ぐのか。そして何より、いかにして参加型の社会をつくり、無秩序という悪夢へとすぐに崩壊してしまわないような社会を構築すればよいのか。

十八世紀前半に、こういった問いがモンテスキュー男爵を悩ませていた。

モンテスキューの法

シャルル＝ルイ・ド・スゴンダ（一六八九〜一七五五）は表向きには普通のフランス貴族で、フランスという国の制度の中で正しく位置づけられていた。両親と伯父が亡くなると、男爵の爵位を二つ（ラ・ブレードとモンテスキュー）相続し、それに伴いフランス南西部の土地や富、責任を得ることになる。ボルドー地方の高等法院で官職につき、のどかな田園地帯にあるラ・ブレード城を拡張することに日々を費やした（訪問したければ、この城は現在も保存されている）。

モンテスキューのような立場の人々であれば、人生にはそれ以上何も必要なく、完璧に満足していてよかったのだ。しかし、よく知られるとおり知的好奇心旺盛だったモンテスキューはすぐに法律実務に飽きて、歴史や自然科学、哲学の研究に専念するようになり、特に古代の共和制ローマの社会制度や市民精神、義務感に夢中になった。モンテスキューにとって十八世紀のフランスは惨めで、精神性に乏しく、表面的な社会で、人々の関心はのし上がり、王に媚び、他人を犠牲にして益を得ることだけだった。共和制ローマという輝かしい時代と比べるとひどく堕落しているように思えたのだ。

モンテスキューが匿名で出版した風刺小説『ペルシア人の手紙』（一七二一）は、社会問題に光を当てた最初の文学的試みだった。その中でモンテスキューは、パリに到着した二人のペルシア貴族にフランスという社会の不条理さを余すことなく語らせた。外国人から見るとフランス国王は、思考の力で弱気な臣民を操ることができる〝偉大な魔術師〟で、国庫が寂しくなると「一枚の硬貨には二枚分の価値がある」と信じ込ませることもできる。あるいは紙を渡して、それが貨幣だと信じ込ませる。これは当時、フランス王室が何十年にもわたって無分別に浪費し、国家が経済的混乱に陥っていたことへの明確な批判で、しかも国王は実に斬新な計算方法でその混乱を立て直そうとしたのだ。モンテスキューはペルシア人たちにこうも言わせている。ヨーロッパには国王よりさらに強力な〝魔術師〟、つまり教皇と呼ばれる者がいる。その男はフランス王の理性まで支配しており、正しいことは間違っているとか、間違っていることは正しいとか、一は三、三は一（キリスト教における三位一体の教理のこと）だということを誰にでも信じ込ませることができる。ペルシア人たちは誰も見過ごさず、腐敗した教会関係者、教養のない地主、馬鹿にされる市民、引退した役人、そして他人に寄生して生きる詩人にも毒矢が放たれる。気の毒な化学者らも一文を与えられている。〝ほら、あそこに化学者たちが。施療院にいるか精神科病院にいるかどちらかだが、どちらも同じくらい彼らの避難場所にはぴったりだ〟

『ペルシア人の手紙』はフランス社会に大きな反響を巻き起こし、匿名作家の身元も間もなくばれてしまった。そこでモンテスキューは社会批判をあきらめ、さまざまな自然科学の研究に専念した――施療院や精神科病院に入れられることはなかったが。そして後に傑作『法の精神』(一七四八)を上梓している。完成まで二十年以上かけたプロジェクトだった。

モンテスキューによれば、その国の法律――民法そして統治を制御するための公法のどちらも――を研究することで、その社会の精神を読みとることができる。そして国家形態の健全な形を三種類挙げている。民主共和制(人民が決定する)、貴族共和制(地主や荘園主が決定する)、そして君主制(国王が決定する)だ。もっとも、これらの健全な統治形態はいずれも、いつ何時崩壊して不健全な統治形態、つまり専制――恐怖に支配され、自由はゼロ、生活もサイアクという状態――に陥る可能性がある。それを防ぐためには厳格な分権制度を導入し、行政と立法そして独立した司法により、政府機関が互いに監視し合うようにする。それにより、誰も事前にとり決められた限度を超えることはない。つまりモンテスキューがホッブズへとパスしたボールは次のようになる。君主制は当然、君主の放蕩を抑制できる場合のみ認められる。法律がすべてを統べる。王ではなく。

しかし権力分立のコンセプトを最初に導入したのはモンテスキューではない。アリストテレスが当時すでに同様のアイデアを書き留めているし、モンテスキュー自身もロックの著作からインスピレーションを得ている。それでも二重男爵モンテスキューの偉大さというのは、哲学的思想を立憲政治制度に落とし込んだこと、そして現実世界において前例がないほど大きな影響を与えたという点にある。アメリカ建国の父とされるジェームズ・マディソンが、神聖なまでの合衆国憲法を起草した時も、基本的にはモンテスキューの提案をほぼそのままコピーしただけだったが、国王の部分だけは選挙で交代させうる大統領に書き換えた。それが世界に広まり、現在の民主主義国の多くを形づくっている。そしてこれまでのところは、西の大国が専制政治に陥るのをうまく阻止してきた。まあ何度か危うかったこともあるとはいえ。

『法の精神』で提示されたもう一つの有名なアイデアが気候理論だ。各民族は居住する地域の気候によって特徴をもち、それが法や統治制度にも影響すると主張したのだ。赤道付近は暑いので、資源や食べ物が豊富にあり、そこに住む人々は怠惰になり人にへつらう。そのため支配されることに耐えやすい。しかし寒い不毛の地には極貧と厳しさが蔓延するので、人々は勤勉になり他人に頼ろうとしなくなり、より多くの自己決定権をもたせることができる。今ではこの気候理論はナンセンスで人種差別的だが、本質的にどれほど間違っているにしても、興味深いアプローチだと思う。環境が社会に与える影響を自然科学で説明しようと試みたのは、近代になってこれが初めてだからだ。今日歴史研究にいそしむ自然科学者たちにも、間接的にインスピレーションを与えたのではないだろうか。

＊

オクティヴィア・E・バトラーの『種播く人の物語』に話を戻し、社会の崩壊を防ぐために政治思想家たちがどんな解決策を提案したのかを比べてみよう。マキャヴェッリは社会に秩序をもたらし維持するためには、君主の側に強い行動力が必要だと訴えた。しかし資源不足が社会の無秩序を引き起こした場合には、この解決策は機能しない。死にかけている人々を殺すぞと脅しても、あまり効果は期待できないからだ。『リヴァイアサン』に見られるホッブズ流の独裁政権ならば、社会の崩壊を回避できただろうか。おそらくそれもないだろう。食料や物資が深刻に不足すると、必ず社会不安が生じ、革命や内戦の発生につながる。だから独裁政治では資源不足という根本的な問題を解決できない。

ではモンテスキューの権力分立のコンセプトならば、バトラーが描いた架空の未来でも社会の崩壊を防げただろうか。国家内で別の国家が台頭することを認めず、裁判所が執行権力をもっと抑制できていたら、崩壊までの時間を長引かせられたかもしれない。しかし最終的にはバトラーの作品の中で起きる政治的混乱は、危機の原因というよりは結果である。そんな無秩序な暴力の灰の中から、ルソーの高貴な野蛮人が偶発的に立ち上がる可能性はどのくらいあるのか。その答えは人それぞれだろうが、私のように人間に対して悲観的な者にしてみればほぼゼロだ。

つまり、社会の崩壊を防ぐためには、政治的な解決法はある程度しか役に立たないようだ。バトラーの作品に常にくすぶっているのは、今では不気味なほど現実的だが、外部環境要因だ。皮肉なことに、これをいちばん解決できそうな既存の説はモンテスキューのナンセンスな気候理論だろう。気候が突然暴れ出し、今の資本主義社会の秩序をひっくり返したら、新しい法律や社会秩序が必要になるのだから。

ローマ帝国の崩壊

歴史学というのは伝統的には人文科学に属してきた。しかしここ十年間で、歴史の謎を解く研究に携わる自然科学者が増えている。新たな技術のおかげで、人間が移住するにつれてどのように農業が世界に広まったのかや、われわれホモ・サピエンスとネアンデルタール人が交配していたかなどを知ることができ、歴史的なパンデミックの原因となった微生物の調査も可能になった。こういった発見により、歴史学者の研究に強固な基盤が提供された。

歴史上最大の謎の一つが、古代後期にローマ帝国が完全崩壊した原因だ。とはいえ仮説自体には事欠かず、歴史家アレクサンダー・デマントの研究によれば二百説以上あるという。その解釈の多さからも、帝国の崩壊の理由が一つだけでは説明がつかないことが窺い知れる。

キリスト誕生前後の数世紀に最盛期を迎えていたローマは、西側世界で政治的にも領土的にも他に類を見ないサイズだった。ローマ崩壊後、世界の銀行や商業信用機関が同じ規模の売上を達成できたのはなんと十七世紀になってからだ。穀物輸送船が同じ大きさになったのは十九世紀、同じ規模の大都市、つまりロンドンが誕生したのもその頃だ。ローマが崩壊したのも驚くべきことだが、その黄金時代の規模もまた驚嘆に価する。

歴史家カイル・ハーパーは著作『ローマの運命――気候、疫病、帝国の崩壊』で、自然科学研究を活用して、そのテーマに新たな光を投げかけた。彼の分析によると、ローマの全盛期は気候が暖かく安定し、珍しいほど温暖な時期、つまりローマの気候最適期だった。雨もたっぷり降り、オリーブやブドウが大陸の北のほうまで栽培できた。この好条件により、地中海沿岸では長期にわたって大豊作が続き、そのおかげで人口が何倍にも増えた。ローマでは新しい村が雨後のタケノコのように出現し、集落は山の斜面を上っていった。

発達した徴税システムのおかげで金庫も満たされていた。

税収と多くの人手があることで、相当数の職業軍人（兵士の数にして五十万人という規模）を擁し、それによって領土を拡大し、主要地域の平和を維持していた。当時は世界人口の約四分の一がローマの統治下で暮らし、税収、貿易、都市化、そして帝国の隅々まで技術が普及したおかげで飛躍的な発展がもたらされた。温暖な気候、安定した政治インフラ、それに帝国の野心という組み合わせこそが、ローマを当時最強の帝国にしたのだ。ほとんどの人にとってほとんどのことが上手くいっている時期には、国を支配するのはさほど難しいことではないはずだ。

古代後期小氷期

しかし良い時代は終わりを迎える。地軸の傾き、太陽活動の変化、惑星の軌道といった環境要因が相互作用し、二〇〇年代には気候がどんどん不安定になっていった。ローマの人口や領土は成長が止まってしまう。しかも二度のパンデミック――一つはおそらく天然痘、もう一つはエボラ出血熱のような、フィロウイルス科の感染症だったのではないかとハーパーは推測している――が帝国を襲った。それにより帝国は大きく揺れたが、崩壊はしなかった。ハーパーによれば、帝国の決定的な崩壊の裏には、もう一つの気候変動があったのだ。

研究者らは近年、氷床コアと年輪の調査により、ローマ帝国崩壊の直前に極めて異常な気候現象が起きていたことを突き止めた。古代後期小氷期と呼ばれるものだ。六世紀に三回連続して起きた大規模な火山噴火により、大気に硫黄粉塵が充満し、それが数年にわたって太陽光を跳ね返していた。それに加えて太陽活動も弱いサイクルに入った。ローマの政治家カッシオドルスも五三六年に、〝どれほど奇妙に思われても、太陽がいつものような明るさを失って輝いている〟と記している。〝今でも太陽は見えているが、海のように青い。驚くべきことに、人の身体は日中でも影を落とすことがない……嵐のない冬、暖かくない春、そして暑くない夏を過ごした〟そして過去二千年で最も寒い冬がやってきた。寒波と同時に、一説によればまさにその影響で、世界的に腺ペストが流行し、ローマの人口の半分が死に絶えるという信じられないような人口変動が起きた。労働力の不足に加えて日照量も減少したことで、数世代にわたって農作物の収穫量が大幅に減少することになった。

今や帝国は弱体化し、皇帝の税金庫は長いこと空っぽのままだった。ローマはもはや有能な軍隊を維持したり、住民に無料で穀物を配布したりすることができなくなった。それが国家安定の二本の柱だったのに。〝パンとサーカス〟のコンセプトを覚えているだろうか。今やその方程式からパンが消えてしまい、社会の安定は空洞化した。そして最終的に近隣民族の侵略によって崩壊したのだ。

気候変動とパンデミックがローマの栄枯盛衰に大きく影響したという説が広く受け入れられるようになるかはまだわからない。しかし、太陽活動のわずかな変化が文明の崩壊につながると考えると空恐ろしい。人的要因と環境要因の絶え間ない相互作用は、歴史を理解するために欠かせないのだ。

とはいえローマ帝国の崩壊は人類の終焉にはならなかった。ローマの領土を奪った者たち、つまりフランク人とアラブ人がさまざまな理由により腺ペストや気候変動を免れたのは特筆すべきことだ。敗者がいるところには、必ず勝者がいるものだ。

ペスト菌と黒死病

スーパーヒーローが活躍する二〇一八年の映画『アベンジャーズ／インフィニティ・ウォー』では、悪役サノスが魔法の石を奪い、全宇宙の生命体の半分をランダムに消し去ろうとする。持続可能な範囲を超えて人口が増加したせいで均衡が失われたと考え、その均衡を回復させようとしたのだ。生き残った人々の生活は良くなるという言い分により、大量殺戮をイデオロギーとして正当化している。資源や空間を巡って競り合うことなく、繁栄と平和を享受できるというわけだ。

ほんの数百年前に地球でもほぼ同じようなことが起きていて、この映画もそれにインスピレーションを受けたのかと思う人もいるだろう。その時の殺戮者はもちろん、紫色のスーパーヴィラン、サノスではなく、小さなスーパーヴィラン、エルシニア・ペスティス――つまりペスト菌だった。一三四七年から一三五一年にかけてユーラシア大陸で黒死病が猛威を振るい、大陸の人口が大幅に減少した。このパンデミックによりスウェーデンでは二人に一人が死亡したと推定されており、ペストに襲われた他の国もおそらく同じような状況だった。

腺ペストは恐ろしい病気だ。うつるきっかけはノミに咬まれることだが、それ自体は中世に生きた人々なら気にも留めないようなことだ。しかし数日後には高熱、頭痛、そしてリンパ節の重度の腫れ、膿瘍が発生する。細菌はさらに血流に侵入し、敗血症や壊死を引き起こす。内出血のせいで皮膚が黒くなるのが、黒死病の名前の由来になった。腺ペストの死亡率は五十％超だが、もともと飢餓に苦しんでいたり、基礎疾患を抱えていたり、高齢だったりした場合にはそれをはるかに上回っただろう。

エルシニア・ペスティスは腺ペスト以外にも肺ペストと呼ばれる病気を引き起こす。特に凶暴で急速に進行する感染症で、肺炎を引き起こし、ほぼ百％の死亡率だ。肺ペストはノミなどを媒介せず、人間同士で直接感染するが、患者は通常、多くの人に感染させる暇はない。最初の症状が出てから二日も経たずに死ぬのだから。

すでに述べたように、エルシニア・ペスティスは中世のペスト流行の原因になっただけでなく、古代で最も激しいパンデミックも引き起こした。それが六世紀のユスティニアヌスのペストで、ハーパーはそれがローマ帝国崩壊に大きく影響したと考えている。パンデミックを引き起こしたのがその細菌だとわかった理由は、古微生物学（先史時代の微生物の研究）のおかげだ。その分野は近年の技術開発により飛躍的に発展した。私自身は古代DNA（aDNA）解析という技術が頭に浮かぶ。極めて高感度の配列解析装置、DNA汚染を回避するための厳格な措置および強力な計算プログラムのおかげで、古い考古学発見物の遺伝子の内容をつなぎ合わせることができる技術だ。二〇一〇年にはネアンデルタール人のゲノムが解明されたが、先史時代のものでも充分な試料が入手できれば、どの微生物がどの疫病を引き起こしたのかを解明することができるのだ。

とりわけ歯はaDNAを抽出するのに適していて、状態の良いDNAを豊富に供給してくれる。それ自体は不思議なことではない。歯を構成する物質はDNAなどの生体分子を硬い殻に埋め込み、その分解を遅らせるからだ。二〇一三年にドイツ南部の集団墓地から発掘されたペスト犠牲者十九人の歯を分析したところ、そのうち八人からペスト菌特有のDNA配列が検出された。他の日和見感染症の病原体と同様にこの微生物の無症候性キャリアはいないので、ユスティニアヌスのペストがやはり腺ペストのパンデミックだったという強力な裏づけになった。これで歴史家たちにとっては議論すべき問題が一つは減った。長く議論を醸してきたローマ帝国崩壊の要因となったマイクロヴィランが特定されたのだ。

この研究を行った研究者たちはさらなる分析を行った。DNAの断片をペスト菌に属する他の既知のDNA配列と比較することで、この細菌の起源をたどる系統樹を作成したのだ。それにより、ペスト菌が中央アジアからやってきたことが特定された。しかしアジアの伝染病がいかにしてコンスタンティノープルに到達し、帝国の崩壊を引き起こしたのだろうか。

＊

人間はペスト菌の宿主ではない――この細菌が人類の歴史上、破壊の波のように何度も押し寄せたことを考えると、意外かもしれないが。実際には主にげっ歯類の病原体で、当初はモンゴル周辺の中央アジアの草原でマーモットなどに感染症を引き起こしていた。

元々の宿主は細菌に対する自然な耐性を獲得し、感染してもそれほど具合が悪くなることはなかった。しかしペストノミであるケオプスネズミノミがそのげっ歯類を咬んで血を吸うと、ノミに少しペスト菌が入り、それが他の動物に広まる。それ自体はたいして危険そうには思えない。しかし進化の過程がいくつかあって、ペスト菌とホモ・サピエンスは切っても切れない仲になった。

細胞の生化学的機能をコーディングする遺伝子は、染色体と呼ばれるいくつもつながったＤＮＡ分子に入っている。これは垂直方向に遺伝する――つまり細菌の場合単純に細胞分裂し、母細胞から娘細胞に遺伝子が受け継がれていく。しかし細菌は別の方法でも遺伝子を獲得することができる。それは水平伝播と呼ばれ、母細胞から受け継いでいない遺伝物質を獲得することもできるのだ。細菌が水平方向に遺伝子を伝達する方法の一つはプラスミドによるもので、小さな環状のＤＮＡの鎖が、さまざまな遺伝子セットをもち、それを細菌間でクリスマスプレゼントのように送り合う。なお、これは抗生物質への耐性が広まる原因の一つでもある。また、研究目的で細菌の遺伝子操作をするさいにも利用される。私が細菌が病気を引き起こす特質を研究していた時に、研究室でどれほどの数のプラスミドを切り貼りしたかは神のみぞ知るところだ。

歴史上の異なる時期に、エルシニア・ペスティスは他の細菌から三種類のプラスミドを

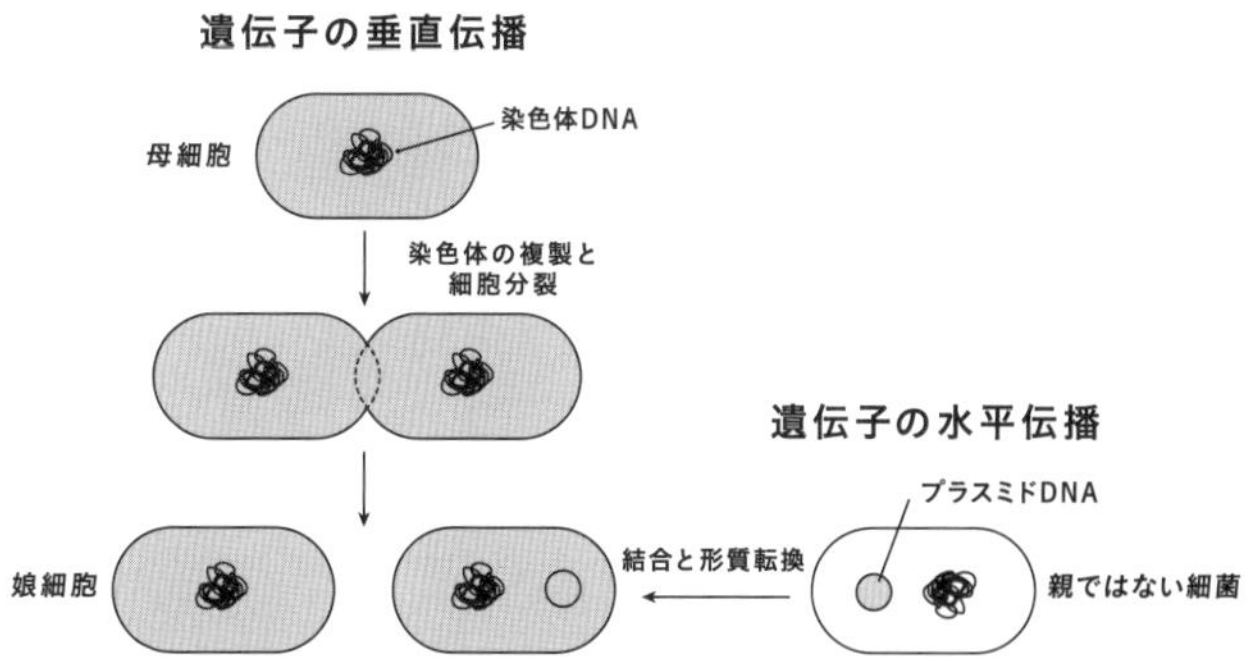

細菌のような単細胞生物は細胞分裂で増え、染色体を母細胞から直接受け継ぐ。しかし細菌は、たとえばプラスミドが細菌間で受け渡される場合など、水平伝播によって遺伝子を獲得することもある。ペスト菌であるエルシニア・ペスティスは無害なげっ歯類の伝染病から、三つのプラスミドによって新たな能力を獲得したことで殺人微生物へと進化した。

受け取った。最初の二つでペスト菌に組織損傷を引き起こしやすくする能力を与えられ、それは黒死病という名前からもよくわかる。しかし人間にとって致命的だったのは、約三千年前に最後のプラスミドがペスト菌に入ったことだった。

pMT1と呼ばれるこのプラスミドは、ペストノミの消化管内でペスト菌にバイオフィルムを形成する能力を与えた。その新しい能力が二つのことにつながった。細菌がノミの中で格段に生存しやすくなったのと、人間にとってはさらに都合が悪いことに、ノミの胃腸管がブロックされるようになったことだ。周知のとおり、緊急時には法など存在しない。飢えたノミはお気に入りの被害者を捨て、どこでもいいから血を見つけようと必死になった。こうしてペストノミは中央アジアのげっ歯類からクマネズミに乗り換え、状況が大きく変わってしまった。

これがユスティニアヌスのペストの直前に起きた最後の出来事で、ペスト菌の毒性は最高レベルに達した。プラスミドの自然変異により、細菌に組織損傷を引き起こす能力が与えられ、それがペスト菌の能力を増大させた。細菌はプラスミンという名のヒトの酵素を効果的に活性化し、内因性タンパク質を壊してしまう。こうして殺人細菌が誕生したのだ。

数万年の間に起きた進化により、ペスト菌はげっ歯類の伝染病から、他に類を見ないパンデミックを起こす可能性を秘めた存在になった。中央アジアのげっ歯類以外の哺乳類にも侵入するようになり、そのとたんに甚大な被害を引き起こす。それが人類文明に到達するのは時間の問題だった。

古代後期小氷期が中央アジアの草原の生態系を混乱させたせいで、げっ歯類の移動が起きたのかどうかはわかっていない。おそらく餌の不足、捕食者の増加などが原因だろうが、気候が疫病の伝播に役割を果たしたという可能性もある。ともかくペスト菌をもったペストノミがクマネズミにたどり着き、クマネズミはもともと餌を人間の穀物貯蔵庫に依存し、人間の近くに生息していた。エルシニア・ペスティスが中央アジアからインドに移動し、そこからインド洋と紅海を渡って海路でエジプトへ、最終的にコンスタンティノープルに到達したことが遺伝的証拠からも考古学的証拠からもわかっている。船や陸上の穀物貯蔵庫に忍び込んで餌を盗もうとしたクマネズミを経由してのことだ。

感染したネズミが都市に到着しても、すぐには何も起きなかった。しかしノミが市内のネズミに感染をうつし、数日のうちに大幅に数が減少した。その間にもペストノミは増殖し、ネズミの血を吸ってペスト菌に感染させたが、ネズミがほとんど死んでしまったために腹を空かせた。困り果てたノミは手近にいた生き物――つまり人間、そしておそらく他の哺乳類にも咬みついた。そのあとは知ってのとおりだ。五四一年から八世紀半ばまで何度も襲ってきたペストの流行により、ローマの人口は半分になったと推定される。

地軸の傾きに社会の安定が脅かされたのもそうだが、ローマ帝国崩壊の原因の一部が、遥か遠くの中央アジアでげっ歯類に寄生する細菌が何気なく数本のＤＮＡ鎖を拾い上げたことだったというのも驚くべきことだ。エルシニア・ペスティスがこんなふうに進化しなかったら、ローマ帝国は崩壊しなかったのだろうか。まあ、もう少し長くはもっただろう。ペストの歴史は、進化が人間の命や社会に与えた知られざる影響を忘れないようにしてくれる。

＊

ペストのパンデミックによって文明が崩壊したのはローマが最初ではなかった。つい最近、デンマークとスウェーデンの研究者がヨーロッパにおけるペストの流行が、五千年ほど前に存在した最初の農耕文化を壊滅させた可能性があると発表した。しかもローマ帝国を襲ったのよりもっと激しかったようだ。このペストの流行は四千八百年前、東からインドヨーロッパ系民族が大移動してくるのに先立って起きた。この移動により石器時代のヨーロッパは言語と文化が完全に変化したが、ペストで弱り切った集落が、東の草原からやってきた好戦的な騎馬民族から身を守ることができなかったのも無理はない。別の言い方をすると、ペスト菌は複数の文化の崩壊に決定的な役割を果たしているようだ。実際、この本もインドヨーロッパ語族の言語で書かれているくらいなのだから。

このように、ペストを中心とした感染症が社会の命運を変えてしまうという証拠が見つかった。もっとも、ペストは社会を崩壊させもしたが、多くの歴史家は黒死病のおかげで中世スウェーデンにおいては農奴制の徹底が阻止されたとも考えている。スウェーデンの封建領主には、奴隷のような扱いを拒否する反抗的な農民を抑圧する力がなかった。疫病により労働力が失われ、庶民を牽制するための軍事手段も不足していた。逆に地代は下がり、ペストを生き延びた者はいちばん良い農地を手にし、社会で利益がより均等に分配されるようになった。一方でペストの被害を免れた東ヨーロッパ地域は、近代に至るまで農奴制に支配されていた。

ペストの影響はそれ以上の範囲に及んでいた。人口が減少したことで、ヨーロッパ大陸全体で労働者の生活が向上した。多くの場所で食生活が改善され、健康状態も良くなった。さらに裕福になった中流階級のおかげで芸術や服飾《モード》に大きな需要が生まれ、ルネッサンスの隆盛にも寄与した。地中海沿岸ほどギルド制度が浸透していなかった北ヨーロッパでは、健常男性の不足により、多くの女性が（少なくとも結婚するまでは）労働に従事し、家族のサイズが縮小した。

こうやって歴史を見返すと、社会を混乱に陥れたパンデミックによる人口減少が、生き延びた者には繁栄、社会構造の変化、生活の改善などをもたらしたことがわかる。もっとも、スカンジナビア初の農耕文化やローマ帝国のように、パンデミックが戦争、国の征服、文化の消失につながる可能性もある。どうなるかは主に偶然の産物であり、多数の予測不可能な要因が相互に作用している。ということは、宇宙の半分を消し去ることで均衡を回復しようとしたスーパーヴィラン、サノスのユートピア的発想は、道徳的に非難されるのも当然ながら、完全に間違った戦略だというのが明らかだ。どれほど強い権力をもつ者でも、偶然を支配することはできないのだから。

なぜスーパーマンは白人なのか

クリプトン星からやってきたスーパーヒーローを黒人俳優に演じさせることはできるのか——会話が社会規範というテーマに及ぶと、私はよくそう尋ねる。そのような議論を自分に強いるのは自虐的な性格のせいかもしれないが、どれほど考えてみてもスーパーマンに白人でなければいけない特質は見当たらない。それにスーパーマンをスーパーマンたらしめる点（この世のものとは思えない強さ、飛行能力、秘密の正体など）を挙げてほしいと頼んでも、キャラクターの重要な特徴として肌の色を挙げる人はいない。それでも、黒人のスーパーマンは受け入れられないと感じる人は多くいる。なぜかというと、それが**白人規範**の典型的な例だからだ。つまり、スーパーマンがあるべき姿で——つまり白人として——描かれることで、他の資質のための余地ができる。白人であることでスーパーマンの肌の色は重要ではなくなるが、黒人として描かれていたら、あるいはアジア人でもいいが、その色素と民族性が重要な要素になり、社会での立ち位置や個性を帯びてしまうのだ。

白人規範は非白人全員にとってかなり明白な事実だ。スーパーマンはあくまで一例であって、サンタクロース、ジェームズ・ボンド、シンデレラ、イエス・キリストでもいい。

キャラクターが重要なのではなく、興味深いのはその現象だ。白人規範の直接的原因を分析するのは難しいことではない。西ヨーロッパは、アメリカの子孫にバトンを渡すまで、五百年間も世界の他の地域を支配してきた。しかもその期間中に印刷技術やカメラ、現代のメディア環境が発展し、西洋の世界支配が白人規範につながった。クセノパネスは神々の姿を〝神の本性は球状であり、人間と少しも似たところがない〟と説明したが、もし馬に手があり、絵を描くことができたら、神々の姿を馬として描いただろう。

さらに興味深いのは、歴史的には地中海沿岸やアジアに君臨した帝国の裏庭でしかなかった西ヨーロッパが、そもそもいかにして世界の権力を握ったのかだ。実はその問いのほうが簡単な答えが見つからない。

植物・動物・微生物

最近では何人もの学者が人類の歴史を一冊の本にまとめるという大胆な挑戦に取り組んでいる。ピューリッツァー賞受賞作『銃・病原菌・鉄』（一九九七）のジャレド・ダイアモンドが先駆けとなり、歴史学の教授ユヴァル・ノア・ハラリのベストセラー『サピエンス全史』（二〇一一）、オックスフォード大学の歴史家ピーター・フランコパン著『シルクロード全史』（二〇一五）などが続いた。『シルクロード全史』は貿易を基軸に、古代から現在に至るまで文明が形成された要因を取り上げている。なお、文明の歴史を要約するさいに必然的に課題となるのが、現在の権力秩序の成り立ちだ。ダイアモンド、ハラリ、フランコパンはいずれも、西ヨーロッパが予想外に世界の権力へと台頭した謎に科学的な答えを探そうとしている。

ダイアモンドはその問いを分解した。西洋の台頭は、ユーラシアが他の大陸と比べて歴史的に先をいっていたことと直接関係がある。つまり、まずはなぜユーラシアの民族がアメリカ、オセアニア、あるいはアフリカのサハラ以南よりも優れた技術をもつようになったのかを理解しなければいけない。ダイアモンドは分野横断的な研究に基づいて、結局は地理という単純な要因によると主張している。彼の説では、ユーラシアには栽培可能な植物や家畜化できる動物が豊富に存在するため、農業社会へのスタートを切るのに有利だった。農業社会が食料の余剰を生み出し、人口爆発が起き、専門職が生まれた。他の人々が狩猟と食料収集に時間のほとんどを費やしていた頃、ユーラシアの人々は武器を製造し、船を建造し、組織管理の方法を構築した。他のどこでもなく肥沃な三日月地帯で穀物が育ったこと――ある意味それも進化――が白人スーパーマンへの一歩だった。

ユーラシアの人々は農耕に加えて畜産にも従事した。羊、山羊、豚、牛、バッファロー、馬や鳥が家畜化され、狩猟採集社会ではありえないほど人間の近くで暮らすようになった。しかしこの動物たちは単体でやってきたわけではなく、それぞれが微生物をもっていた。ダイアモンドによれば、人間と他の種の距離が物理的に縮まり、それによって自然淘汰つまり選択が行われた。昔の村で麻疹や天然痘、インフルエンザなどの人獣共通感染症に自然な抵抗力をもっていた人々は、高い確率で生き残った。言い換えれば、ユーラシアの人間と家畜の人獣共通感染微生物との間に〝共進化〟があったということだ。その後ヨーロッパ人が植民地化を始めると、南アメリカのような場所では麻疹、天然痘、インフルエンザが風土病ではなく、元来抵抗力が欠如していたため、人口の大部分が死滅してしまった。十六世紀前半の南アメリカでは、数十年の間に人口の八十〜九十％が輸入された感染症によって死亡している。ある大陸では人間と微生物の共進化が起き、別の大陸では社会の崩壊を引き起こしたのだ。

もっとも、ユーラシアにもともと植物、動物、微生物が存在したからというだけでは、なぜ近世において西ヨーロッパがアジアを支配するようになったのかの説明がつかない。白人スーパーマンへの二歩目は、一歩目と同様に地理的な要素だった。ダイアモンドによれば、たとえば中国のような場所ならば広大な土地を一人の統治者の下にまとめることができたが、ヨーロッパでは山脈や半島、大河という不規則な地形が複雑な政治単位を生み出し、長い間統一されることがなかった。比較的狭いエリアで競合する政治団体の数が多すぎると、情報や技術の交換は行われるが、平和は続かない。その結果、ローマ帝国の崩壊以降西ヨーロッパでは断続的に戦争が起きていて、軍事技術が進化と言っていいほどの発展を遂げた。アメリカ大陸やオセアニア、アフリカ、アジアを植民地化するだけの軍事技術力が、西洋の台頭の基礎になったのだ。

満足した老ボクサー

ハラリも基本的にはダイアモンドの分析を受け入れている。もっとも、ハラリにはシンプルながら重要な反論が一つあった。ペルシアのサファヴィー朝、インドのムガル帝国、オスマン帝国、中華帝国などは西洋諸国と争って植民地をもつこともできたはずの帝国だ。しかしそうはしなかった。かといって道徳的な動機でしなかったとは考えていない。何百年、場合によっては何千年にもわたって高度な文化と富を築いてきたアジアの大国は、むしろ現状に満足していたのだろうとハラリは推論する。人生の良さを満喫した老ボクシングチャンピオンが、もうこれ以上ハードなトレーニングをしようとは思わないようなものだろうか。飢餓に苦しみ、権力の端っこに位置した西ヨーロッパは、勝つために自分の限界を超えようとする若き挑戦者といったところか。そこに多大なリスクがあり、未知の世界を目指さなくてはいけなくてもだ。ということは、白人規範への三歩目はハングリー精神だった。

フランコパンも著書の中で、政情不安と地理という要因を強調している。特にイギリスは海が防御壁となって近隣諸国を打ち負かし、世界で絶対的な支配力をもつことができた。しかしフランコパンにとっては例の黒死病《ペスト》も重要な要素だ。混乱の中から生まれた可能性——先述のようにペストが人口を激減させたせいで、北ヨーロッパで生き残った労働者は突然、封建領主との交渉が有利になった。労働力不足により世代から世代へと受け継がれてきた特権が失われ、より公正な競争が行われるようになったのだ。これにより、下の立場の人間に一種の原始的な権利のようなものが生まれ、最終的には実力主義へと発展した。勤勉で丁寧な人がやっと報われる時代になったのだ。しかし地中海沿岸やさらに東方では、社会構造が深く根づいていたため、労働者には西側と同じ交渉の余地があったのに、結局は首根っこを摑まれたままになった。東では相続や一族の称号が引き続き存在し、軍事的政治的能力よりも重んじられた。都合の良い農奴制（あくまで非農奴にとって）の上にあぐらをかいていて、イノベーションや発展が後回しになったのだ。ということは、サンタクロースが白人になったのも、ある意味ペストのおかげだ。

中世の小氷期

西ヨーロッパが世界に台頭する上で主要な役割を果たしたまた別の要因が気候だ。ドイツの作家フィリップ・ブロームは、著書『Nature's Mutiny（自然の反乱）』（二〇一七）の中で、およそ一五五〇年から一八〇〇年の間に起きた〝中世の小氷期〟（研究者によって開始時期も終了時期も異なるが、気候変動自体は一六〇〇年の前後数百年続いた）として知られる気候変動が社会に与えた影響について詳しく書いている。

中世の小氷期は科学的な概念としては確立されているが、原因は完全には解明されていない。おそらく地軸の傾き、太陽活動の変化、惑星の軌道、火山活動の組み合わせであって、古代後期の小氷期を引き起こした要因と基本的には同じだ。いずれにせよ要因が相互作用した結果、スウェーデンでは過去五百年間で最も寒い冬の十回中七回が一五六九年から一六一四年の間にあった（哀れなデカルトの命を奪ったのもそんな冬だった）。それまでの気候が乱され、長年にわたって収穫にも影響を与えた。夏は暗く雨が多く冬は寒くて、畑では作物が熟さなかったり腐ったりしていた。

搾取と社会崩壊

凶作がなぜ社会に大きな変化を起こすのか、それを理解するにはまず小氷期当時のヨーロッパの荘園の構造を知る必要があるとブロームは言う。国王、貴族、教会が土地の大部分を所有していたが、もちろん自分の手で耕していたわけではない。畑で実際に作業を行っていた農民は、通常、地主と次のような経済的取り決めを結んでいた。自活に必要な収穫分は農民が取り、残りは地主の手に渡り、地主はそれを売って利益を出す。ということは、農民には作業効率を良くしたり、収穫高を上げたりするモチベーションがなかった。どうせ余った分は裕福な地主に献上しなければいけないのだから。この理由から、農業は古代以来、技術も、栽培する作物の種類も変化がないままだった。

もっとも、荘園制度は悪いことばかりではなかった。良かったのは、農民の多くがほぼ完全に自給自足の生活ができていた点だ。その上で存在した市場は地元民のためのもので、ほとんどが物々交換され、農民の多くはお金を使うことなく一生を終えていた。そのため小氷期に入り、急に不作になると、単に食料の供給が乱れただけでなく、一定の収穫量を中心に成り立っていた社会秩序自体が混乱したのだ。

飢えは人間を行動へと駆り立てる。小麦の不作が毎年続くと、南ヨーロッパの人々は地元の市場を見限って、生きるためにオランダの仲介業者を通じてバルト三国からライ麦を輸入し始めた。急に、多くのヨーロッパ人が国家間の貿易で大儲けできることに気づき、貿易が飛躍的に成長した。

しかし飢餓が解消されても、地主にとってのもう一つの問題が解決したわけではなかった。自分の土地からの収穫が彼らの経済力の基盤のすべてだったのに、それが回復しないままなのだ。そこで土地の耕し方を変えることにした。貧しい農民が共有地を使う権利を奪ったのだ。誰でも使える小さな共有地の一角でわずかな数の家畜を放牧する、それは古代以来慣習的にやってきたことだった。しかし地主はともかくあるだけの土地を活用して収穫を絞り出すことにした。それで貧しい農民は土地を奪われ、生きていけなくなり、町に流入した。そのせいで近世には大規模な都市化が進んだ。新しい町民の中でもやる気と才のある者は出世したが、多くの人は救貧院にたどりつくか、産業革命の中で搾取されるプロレタリアートになる運命だった。

人口の大部分が自給自足生活から都市でなんとか生き延びる生活に移行すると、突如として貨幣が別の意味をもつようになった。町の新しい住民は他人と交換できる現物をもち合わせていなかったため、あらゆるものがお金で売買されるようになり、都市部では金融業界が急速に成長した。

土地の利用法で（西側の）地主の権限が強くなったことによるまた別の変化は、農業の多角化だった。技術が発展し、新しい種類の穀物も導入されたことで効率化が進み、収穫高が上がったし、ジャガイモが新世界から輸入され、小麦よりも寒さへの耐性がはるかに強かったため、ヨーロッパのさまざまな地域で小麦に代わる主食となった。三つ目の変化としては、地主が果物や野菜、チューリップなど、都市に現れた裕福な中産階級が求める製品を供給し始めたことだ。国と国の間の貿易もさらに発展した。穀物をあまり栽培しなくなった国々は輸入に頼るしかなかったが、輸出していたのは地主が土地を耕す農奴を抱えていた東ヨーロッパの国々だった。農奴は食べ物がなければ飢えていればいい——その間にも大量の穀物が西側に輸出されていった。農奴にはどちらにしても自分が属する土地を離れる法的権利もなかった。東ヨーロッパでは近代になっても多くの地域で農業技術が遅れたままだった。

こういったさまざまな社会的変化の圧力の下、新しい文化的態度が生まれたとハラリは述べている。ブロームによれば、ヨーロッパ人はこの新しい国際貿易を戦争の延長のように見ていたという。搾取するか、されるか——それは個人間だけでなく、国家間においてもそうだった。そのためヨーロッパ人は貿易相手国を譲歩させるためには軍事的手段を使うこともためらわなかった。オランダの東インド会社は他に先駆けて、東南アジアの非協力的な国家や君主を乱暴に征服した。香辛料、絹その他の贅沢品という非常に儲かる貿易で多大な利益を得るためにだ。すぐに他の西ヨーロッパ列強国も後に続いた。そこからは広く知られた植民地の歴史だ。

植民地化により世界各地で移動が増えたことでまた別の影響があった。西ヨーロッパでは農奴制が非合法化されていたが、だからといって黒人奴隷の売買をしなかったわけではない。大西洋をまたぐ奴隷貿易が始まり、奴隷があっちに運ばれ、(奴隷が生産した)砂糖やタバコなどの贅沢品がこっちに運ばれた。気候変動は西ヨーロッパの台頭の一因となったが、同時に南アメリカ、アフリカ、アジアの各地では疫病、搾取、軍事支配によって社会が崩壊した。

ヨーロッパ列強国の間で国際貿易を巡る競争が激化し、急にヨーロッパ大陸で続く永遠のような戦争への投資が増えた。どの君主も、貿易そして植民地という無尽蔵に見える富の源から利益を得て、金庫を満たしたいと考えたのだ。そのためには儲かる植民地を巡って戦争をしたり、儲かる貿易ルートの覇権を握ったりしなければいけない。同時に戦争も技術的になり、事務から砲兵の管理まで、軍にも読み書き計算能力をもつ人材が必要になった。もっと優れた船、もっと強力な要塞、より破壊的な兵器を造るための技術者が求められた。つまり優れた教育を受けた人材が必要になったのだ。そのため一般大衆のための学校に大規模な国家投資が行われ、近世初期には識字率が大幅に向上し、社会は完全に変化を遂げた。君主はその後何世紀にもわたって実感させられることになるが、教育を受けた国民を縛りつけておくことは難しかった。

何もかも変化する

このように、近世初期にはたった二世代で大きな社会変化が起こった。農業から人口統計、食生活、金融システム、貿易、戦争、識字率まで、西ヨーロッパではあらゆる点で十八世紀初頭には十七世紀と大きく異なっていた。これらすべてが中世の小氷期に起因すると考えてもいいのか――ブロームはそれについて説得力のある説明をしている。もちろん他の要因も多くあるが、少なくともそれが火薬庫に引火した火花になった。つまり寒波が決定的な役割を果たし、スーパーマンが白人になったと言える。

もっとも、周知のとおり何事も永遠ではない。西ヨーロッパは前世紀にすでに世界の列強国としての地位を失い、今日のグローバル社会では政治活動の影響もあって白人規範に疑問を抱く人が増えている。しかし白人規範の絶滅にはまだほど遠い。二〇一七年にスター・ウォーズの新作が公開されたさいには、ソーシャルメディア上で大きな物議を醸した。アメリカの著名なメディア関係者の一部が、映画に非白人や女性の登場人物が多すぎると発言したのだ。侮蔑的に〝わざとらしい多様性〟〝スター・ウォーズがディズニーの真似か〟と評した。白人規範が浸透しすぎていて、別の銀河系を舞台にしたファンタジーの世界でさえ重要なキャラクターが黒人だというのを想像できない人がいるのだ。こんな時代だからこそ、歴史において小麦、戦争、飢餓、疫病そして気候が大きな役割を果たしたことを思い出すといい。だってよく考えてみると、ルーク・スカイウォーカーやスーパーマンがモンゴル系になっていた可能性もあるのだから。

新しい哲学者たち

今までにも同じことが起きたように、いつの日か今の社会秩序が崩壊する日がやってくる。気候変動がドミノ反応を引き起こし、急速な（あるいは遅々とした）革命が起きるのかもしれないし、自然災害やパンデミックが次々と起こり、資源不足や世界のインフラに恒久的なダメージが与えられ崩壊するのかもしれない。あるいは文明を破壊するような大量破壊兵器を使った軍事衝突が起こるかもしれない。崩壊の原因はさまざまだ。しかしもっと興味深いのは、その後に何が起こるかだ。

無知の井戸から這い上がるのは、人間にとって楽な道のりではなかった。そのことはすでに見てきた。彼女は時に軽々と跳び上がったかと思えば、かなり長い間じっとしていたこともあった。少しずり落ちてしまったことも時々あり、それからまた何度も大きく前進した。

しかし井戸を登る間、彼女には仲間がいた。好奇心と創造性が常にそばにいてくれたのだ。井戸のどのあたりにいても現実、知識、人生、自然、自分自身、そして社会に説明を与えようとした。サルと哲学者、それは同じ一つの存在だ。

思想家たちは歴史を通じて、子孫そしてわれわれに多くの贈り物を与えてくれた。エウダイモニアや道徳哲学、経験主義というアイデアを授けてくれ、進化論、原子理論そして一般相対性理論も贈ってくれた。魂について、自己について、意識についても教え、DNA、抗生物質、CRISPRの発見を引き継いでくれた。そう、現代社会の秩序は少数の哲学者の思索の賜物なのだ。

もっとも、人間の旅仲間は好奇心と創造性だけではなかった。利己主義、強欲さ、自己満足、視野の狭さなど、常にそんな特性ももっていた。歴史を通じて思想家たちは優生学、全体主義、疑似科学的な人種差別、搾取の正当化といった恐怖も生み出してきた。われわれは向上する可能性と後退する可能性の両方を秘めている。そのことを常に意識しておかなくてはいけない。

今の社会秩序が崩壊した後には、新しい秩序が生まれる。それがどんなものになるのかを予測するのは不可能だ。ひょっとすると人間は望ましくない荷物の一部を捨て、近代社会を象徴したような間違いを正すことができるかもしれない。より公平で持続可能なシステムを構築するかもしれない。その任務には新しい哲学者が必要になる。彼らに新しい世界の扉を開かせよう。

ホモ・スフィンクスやデジタル化された意識、パーフィットの転送装置、宇宙の植民地がその新しい世界を彩るのかもしれない。あるいはテクノロジーをすべて失い、地元の市場に戻り、小規模な農業で自給自足していくのかもしれない。一つ確かなことは、結果がどうであろうと、人は自分の行動に意義を感じるだろうことだ。どこにいようとも、井戸を登り続ける。好奇心と創造性が彼女を支えるだろう。そしてサルは哲学的な思索に耽《ふけ》り続ける。そう考えれば、不確実な未来に目を向けても心強く感じられるはずだ。

謝辞

　本を書くというプロジェクトは、それほど長くない本であっても、他の方々からの貴重な支援がなければ完遂することはできなかった。長々と書くつもりはないが、鍵となる何人かに感謝の意を表したい。

　この本の優れた編集者エマニュエル・ホルム――文章を読みやすくするだけでなく、アイデアの相談役を務め、内容を正しい方向に導いてくれた。また彼の賢明なインプットのおかげで執筆活動に取り組むことができた。発行人のマティーナ・スティエンストレームは、最初のミーティングで披露したのは少々クレイジーでちゃんと整理されていないプレゼンだったのに、私のアイデアを信じ、強く励ましてくれた。ラーシュ・ベリストレーム名誉教授は本書の思想史の部分を監修し、理系の科学者である私があまりにもその部分を不親切に扱わないよう助けてくれた。それでも生じる間違いは、彼ではなくもちろん私の責任だ。永遠に批判的な相談相手であるオロフ・オーケルンドは、私にも本を書けると信じさせてくれ、長い友情の中で私のアイデアにプレッシャーをかけ洗練させてくれた。本当にありがとう。

この本の一部はこれまでにヘルシンボリ・ダーグブラード、シィードスヴェンスカン、エクスプレッセン各紙、スウェーデン公共ラジオに記事として公開されたもので、再使用許可を与えてくれた責任者イーダ・エルメダールとカーリン・オルソンに感謝する。また、記事の掲載時に協力してくれた編集者らにも感謝を。特に先述の掲載紙の編集者オロフ・オーケルンド、アン・リンゲブラント、マリア・G・フランケ、ヴィクトル・マルムに。

執筆中に原稿を読んでフィードバックをくれた皆にも多大な感謝を申し上げたい。アルファベット順にカーリン・アルブシエー、ベングト＝ウッレ・ベングトソン、ステファン・ベリルンド、マルタ・ブラント、ピエテル・ゴヅスク、アネリー・グランキュヴィスト、ケナン・ハブル、ディノ・クロピック、ラーシュ・モーゲンセン、ファビオ・ナシル、イエンヌ・マリア・ニルソン、テレーセ・ノードストロム、ヴィヴェカ・シャール、イア・ヴァデンダール。特にアレクセイ・トリーナ・ヴェラスケス、サマン・バクティアリ、アリ・パヤミに感謝する。最後に、執筆過程で多大なサポートをしてくれた両親、兄弟のファルハドとファルナズ、そして妻のフリーダに深く感謝を捧げたい。

訳者あとがき

人口一千万人強の小国ながら多数の良質な科学ノンフィクションを世に送り出すスウェーデン。そこからまた一冊、現代社会を生きる上で読んでおきたい作品が届いた。

自己とは何か。自分の生きる人生に意味はあるのか。私たちの道徳心はどこからきたのか、人間はどこまで形成可能なのか、社会はどういうきっかけで興亡するのか——それらは古代ギリシャ時代から哲学者たちを悩ませてきた問いであり、現代の私たちもしばしば考え込まざるをえない永遠のテーマだ。本書『サルと哲学者』(スウェーデン語版原書 APAN & FILOSOFEN: Evolutionära svar på filosofiska frågor から翻訳)は、そういった問いを歴代の主要な哲学者たちがどのように取り扱ってきたかを説明し、答え合わせ的にも最新の科学研究と照らし合わせるという興味深い趣向の作品だ。

人生の意味(第一章)を考えるに当たっては、「退屈」が果たす役割へとたどり着く(日本でも『暇と退屈の倫理学』[國分功一郎、新潮文庫]がベストセラーになったのが記憶に新しい)。道徳の起源(第二章)については、進化学の研究が多くの答えを与えてくれるが、それを一言でまとめると「二百万年前にサバンナから果樹が消えたせい」だというから驚きだ。自己とは何か——第三章ではカフカの『変身』で虫になった主人公グレーゴルをサンプルに、科学的に人間という有機体を定義する試みを行う。人間の形成（第四章）については、古くはスパルタでの実践（いわゆるスパルタ教育）が有名だが、最新の遺伝子研究が人間に対して秘める可能性と恐ろしさに関して最新の知見を与えてくれる。ここ数年は気候変動や戦争が世界を支配し、「現在の社会秩序はいつまで保たれるのだろう」という不安を感じない人はいないと思うが、第五章ではローマ帝国の滅亡や西ヨーロッパの台頭といった社会の興亡を最新の研究結果を交えて分析し、地球の未来を予想する手がかりを与えてくれる。ジャレド・ダイアモンドの『銃・病原菌・鉄』や、ユヴァル・ノア・ハラリの『サピエンス全史』、ピーター・フランコパン『シルクロード全史』を夢中になって読んだ人には堪《こた》えられない最終章となるはずだ。

これほど幅広い学問の分野に精通した著者はどのような経歴の人物なのか。著者ファルシッド・ジャラルヴァンドはスウェーデンのルンド大学（二〇二三年ノーベル物理学賞受賞者アンヌ・ルイエ教授などが所属）で分子生物学を学び、二〇一五年に細菌定着因子、病原体およびワクチン開発の研究で医療微生物学の博士号を取得している。以来ワクチンの研究者として活躍し、コロナ禍ではワクチン専門家として数多くのメディアに登場して存在を印象づけた。二〇二二年よりスウェーデン医療製品庁（Läkemedelsverket）に勤務している。

著者の生い立ちも現代のスウェーデン社会を知る上で興味深いので、少し紹介させてもらいたい。一九八四年にイランのテヘランで生まれ、三歳の時に家族とともにスウェーデンにやってきた。移民の多いマルメという街（サッカー選手ズラタン・イブラヒモヴィッチの出身地でもある）で育ち、暮らしたのは六〇〜七〇年代に住宅難を解消するためにスウェーデン各地に建設され、今では難民が多く住む団地の一つ。同じ地区で共に育ったのはイランやイラク、コソボ、パレスチナ、チリ、旧ユーゴスラビアといった国から来た子供たちで、文化も宗教もさまざまながら「移民の子供」として一つのカルチャーを形成しており、その頃から「自分たち（移民）対あいつら（スウェーデン人）」の構図は子供心にも明確だったという。社会のヒエラルキーの中で「移民の子供」として底辺に配置され、社会的・経済的・学問的な成功は望めないことも承知していた。生きるためには強がるしかなく、自分のタフさを証明するために学校では問題を、社会では犯罪を起こす若者も多かったという。

そんな中、ジャラルヴァンドは自治体の実験的なプロジェクトに採用され、同じ街の上位中産階級が暮らす地区の中学校に通うことになる。クラスメートは一軒家に住むスウェーデン人の子供たちで、団地の若者たちとは考え方も行動もまるでちがった。クラスで一人だけ異質な存在――しかしアルコールや異性に興味を持つ年頃になると、大人の目を盗んで皆で酒を飲んだりして、「自分たち対あいつら（大人の世界）」という構図ができあがり、クラスの男子生徒たちと結束が強まったという。

現在では、本の執筆以外にもダーゲンス・ニィヒエテルというスウェーデン最大の朝刊紙で定期的にコラムを執筆しており、環境問題からニューラリンク（イーロン・マスクらが設立した、脳に埋め込むブレイン・マシン・インタフェースの会社）、E-touch（バーチャルで相手に触れる・触れられる技術で、まだ商用化はされていない）といった最新技術の在り方や問題点について科学者の見地から意見を述べ、オピニオンリーダーとして活躍している。土曜版に載る彼のコラムを楽しみにしている人も多く、現在のスウェーデンに欠かせない存在だ。幅広い見識を持ち、社会のさまざまな層に接してきた著者だからこそ、これからも世界の未来を予測し、私たちがどう生きるべきかにインスピレーションを与え続けてくれるだろう。

二〇二三年十月

久山葉子

参考文献

プロローグ

Charles Darwin, *Resan med Beagle – En naturforskares vetenskapliga äventyr*. 翻訳：Daniel Helsing, 2022, Fri Tanke, Stockholm.（チャールズ・ダーウィン／島地威雄訳『ビーグル号航海記（上・中・下）』岩波文庫、1959〜1961年）

Charles Darwin, *Självbiografi*. 翻訳：Gösta Åberg, 2009, Natur & Kultur, Stockholm.（チャールズ・ダーウィン／八杉龍一、江上生子訳『ダーウィン自伝』ちくま学芸文庫、2000年）

Martin Puchner, *The Written World: The Power of Stories to Shape People, History, Civilization,* 2017, Penguin Random House LLC, New York.（マーティン・プフナー／塩原通緒、田沢恭子訳『物語創世　聖書から〈ハリー・ポッター〉まで、文学の偉大なる力』早川書房、2019年）

Robert E. Adler, *Medical Firsts: From Hippocrates to the Human Genome*, 2004, John Wiley & Sons, Hoboken, New Jersey.

Barry Gower, *Scientific Method - An historical and philosophical introduction*, 1997, Routledge, London.

Edward Grant, *A History of Natural Philosophy: From the Ancient World to the Nineteenth Century*, 2007, Cambridge University Press, Cambridge.

第一章　人生の意味とは？

Platon, *Skrifter, Bok 1 – Sokrates försvarstal; Kriton; Euthyfron; Laches; Gästabudet; Faidon; Gorgias.* 翻訳：Jan Stolpe, 2016, Bokförlaget Atlantis, Stockholm.（プラトン／久保勉訳『ソクラテスの弁明・クリトン』岩波文庫、1964年）

Platon, *Skrifter, Bok 2 – Menon; Protagoras; Lysis; Charmides; Ion; Menexenos; Euthydemos; Faidros; Kratylos*. 翻訳：Jan Stolpe, 2018, Bokförlaget Atlantis, Stockholm.（プラトン／藤沢令夫訳『メノン』岩波文庫、1994年）

Aristoteles, *Den nikomachiska etiken*. 翻訳：Mårten Ringbom, 2012, tredje upplagan, Bokförlaget Daidalos, Göteborg.（アリストテレス／高田三郎訳『ニコマコス倫理学（上・下）』岩波文庫、1971〜1973年）

Anders Hansson, *Aristoteles Etik*, 2016, Bokförlaget Daidalos, Göteborg.

A. C. Grayling, *Filosofins historia*, 2021, Fri Tanke, Stockholm.

Baruch Spinoza, *Etiken*. 翻訳：Dagmar Lagerberg, 2001, Thales, Stockholm.（スピノザ／畠中尚志訳『エチカ―倫理学（上・下）』岩波文庫、1951年）

Alf Ahlberg, *Arthur Schopenhauer – hans liv och filosofi*, 1960, Natur & Kultur, Stockholm.

Friedrich Nietzsche, *Samlade skrifter, Band 8*. Redigerad av: Thomas H. Brobjer, Ulf I. Eriksson, Peter Handberg & Hans Ruin, 翻訳：Thomas H. Brobjer, Peter Handberg, Johan Flemberg, Jim Jakobsson, Ingemar Johansson 2013, Symposion Brutus Östlings bokförlag, Stockholm.

Friedrich Nietzsche, *Så talade Zarathustra: en bok för alla & ingen*. 翻訳：Tage Thiel, 2019, Modernista, Stockholm.（ニーチェ／竹山道雄訳『ツァラトストラかく語りき（上・下）』新潮文庫、1953年）

Maggie Koerth-Baker, »Why boredom is anything but boring«, 2016, *Nature*, 529(7585):146–148.

Søren Kierkegaard, *Antingen-eller: Ett livsfragment, Del 1 och Del 2*. 翻訳：Stefan Borg, 2002, Nimrod Förlag AB, Stockholm.（キェルケゴール／大谷長、太田早苗、渡邊裕子、近藤英彦訳『キェルケゴール著作全集 原典訳記念版（1・2）これかーあれか』創言社、1994〜1995年）

Martin Heidegger, *The Fundamental Concepts of Metaphysics*, 2001, Indiana University Press.（マルティン・ハイデッガー／川原栄峰、セヴェリン・ミュラー訳『ハイデッガー全集（29・30）形而上学の根本諸概念：世界－有限性－孤独』創文社、1998年）

Albert Camus, *Myten om Sisyfos*. 翻訳：Gunnar Brandell, Bengt John and Mats Leffler, 2020, Albert Bonniers förlag, Stockholm.（カミュ／清水徹訳『シーシュポスの神話』新潮文庫、1969年）

Albert Camus, *Främlingen*. 翻訳：Jan Stolpe, 2020, Albert Bonniers förlag, Stockholm.（カミュ／窪田啓作訳『異邦人』新潮文庫、1954年）

第二章　人間の道徳はどこから生まれるのか

Fjodor Dostojevskij, *Brott och straff*. 翻訳：Hans Björkegren, 1982, Wahlström & Widstrand, Stockholm.（ドストエフスキー／工藤精一郎『罪と罰（上・下）』新潮文庫、1987年）

Fjodor Dostojevskij, *Bröderna Karamazov*. 翻訳：Staffan Dahl, 1986, Wahlström & Widstrand, Stockholm.（ドストエフスキー／原卓也訳『カラマーゾフの兄弟（上・中・下）』新潮文庫、1978年）

Michael Tomasello, *A Natural History of Human Morality*, 2016, Harvard University Press, Cambridge, MA.（マイケル・トマセロ／中尾央訳『道徳の自然誌』勁草書房、2020年）

James A. Harris, *Hume – An Intellectual Biography*. 2015, Cambridge University Press. Cambridge.

Nicholas A. Christakis, *Blueprint – The evolutionary origins of a good society*, 2020, Little, Brown and Company, Boston, MA.（ニコラス・クリスタキス／鬼澤忍、塩原通緒訳『ブループリント 「よい未来」を築くための進化論と人類史（上・下）』株式会社ニューズピックス、2020年）

Platon, *Skrifter, Bok 1 – Sokrates försvarstal; Kriton; Euthyfron; Laches; Gästabudet; Faidon; Gorgias*. 翻訳：Jan Stolpe, 2016, Bokförlaget Atlantis, Stockholm.（プラトン／久保勉訳『ソクラテスの弁明・クリトン』岩波文庫、1964年）

Platon, *Skrifter, Bok 2 – Menon; Protagoras; Lysis; Charmides; Ion; Menexenos; Euthydemos; Faidros; Kratylos*. 翻訳：Jan Stolpe, 2018, Bokförlaget Atlantis, Stockholm.（プラトン／藤沢

令夫訳『メノン』岩波文庫、1994年）

Aristoteles, *Den nikomachiska etiken*, 翻訳：Mårten Ringbom, 2012, tredje upplagan, Bokförlaget Daidalos, Göteborg.（アリストテレス／高田三郎訳『ニコマコス倫理学（上・下）』岩波文庫、1971〜73年）

Anders Hansson, *Aristoteles etik*, 2016, Bokförlaget Daidalos, Göteborg.

A. C. Grayling, *Filosofins historia*, 2021, Fri Tanke, Stockholm.

James Rachels & Stuart Rachels, *Rätt och fel – introduktion till moralfilosofi*. 翻訳：Lisa Sjösten, 2015, Studentlitteratur, Lund.（ジェームズ・レイチェルズ／古牧徳生、次田憲和訳『現実をみつめる道徳哲学　安楽死からフェミニズムまで』晃洋書房、2003年）

J. Kiley Hamlin et al, »Three-month-olds show a negativity bias in their social evaluations«, 2010, Developmental Science. doi: 10.1111/j.1467-7687.2010.00951.x

Amrisha Vaish et al, »Young Children Selectively Avoid Helping People With Harmful Intentions«, 2010, *Child Development*, doi:10.1111/j.1467-8624.2010.01500.x

Amrisha Vaish et al, »The Early Emergence of Guilt-Motivated Prosocial Behavior«, 2016, *Child Develolment*, doi: 10.1111/cdev.12628

Margarita Svetlova et al, »Toddlers' Prosocial Behavior: From Instrumental to Empathic to Altruistic Helping«, 2010, *Child Develolment,* doi: 10.1111/j.1467-8624.2010.01512.x

第三章　自己とは何か

Franz Kafka, *Förvandlingen*. 翻訳とあとがき：Hans Blomqvist and Erik Ågren, 2013, Bakhåll, Lund.（フランツ・カフカ／高橋義孝訳『変身』新潮文庫、1952年）

Stanley Corngold, *Franz Kafka – The Necessity of Form*, 1988, Cornell University Press, Ithaca, NY.

René Descartes, *Valda skrifter*. 翻訳：Konrad Marc-Wogau, 1998, Bokförlaget Natur & Kultur, Stockholm.

John Locke, *An Essay Concerning Human Understanding*, 1997, Penguin Classics.（ジョン・ロック／加藤卯一郎訳『人間悟性論（上・下）』岩波文庫、1993年）

G.W.F. Hegel, *Andens fenomenologi*. 翻訳：Brian Manning Delaney, Sven-Olov Wallenstein, 2008, Thales, Stockholm.（G.W.F・ヘーゲル／熊野純彦訳『精神現象学（上・下)』ちくま学芸文庫、2018年）

Shawnna Buttery, »Rediscovering symbiogenesis: The latest research in understanding the origins of eukaryotic cells«, 2017, *Cell Press*.

Virginia Morell, »Microbial Biology: Microbiology's Scarred Revolutionary«, 1997, *Science*, vol 276, issue 5313, pp. 699–702.

Stephen M. Miller, »Volvox, Chlamydomonas, and the Evolution of Multicellularity«, 2010, *Nature Education*, 3(9):65.

Farshid Jalalvand, *The colonization strategies of nontypeable Haemophilus influenzae*, 2015, Lund

University Press, Lund.

Stefan Berglund, *Human and personal identity*, 1995, Lund University Press, Lund.

Derek Parfit, *Reasons and Persons*, 1984, Oxford University Press.（デレク・パーフィット／森村進訳『理由と人格―非人格性の倫理へ』勁草書房、1998年）

第四章　人間は形成可能なのか

Mary Shelley, *Frankenstein, eller den moderne Prometeus*. 翻訳：Måns Winberg, 2016, Bakhåll, Lund.（メアリー・シェリー／芹澤恵訳『フランケンシュタイン』新潮文庫、2015年）

Platon, *Staten*. 翻訳：Jan Stolpe, 2003, Atlantis, Stockholm.（プラトン／藤沢令夫訳『国家（上・下）』岩波文庫、1979年）

Daniel J. Kevles, *In the Name of Eugenics*, 1985. Alfred A. Knopf, Inc., New York.

Jennifer Doudna & Samuel Sternberg, *A Crack in Creation: Gene Editing and the Unthinkable Power to Control Evolution*. 2017, Houghton Mifflin, Boston.

Antonio Regalado, »China's CRISPR babies: Read exclusive excerpts from the unseen original research«, *MIT Technology Review*, 2019-12-03.

David Cyranoski, »What CRISPR-baby prison sentences mean for research«, 2020, *Nature* 577, 154–155.

Henry T. Greely, »He Jiankui, embryo editing, CCR5, the London patient, and jumping to conclusions«, *Stat*, 2019-04-15.

第五章　何が社会の興亡につながるのか

Radio Imagination: Artists and Writers in the Archive of Octavia E. Butler. 編集：Janet Duckworth & Savannah Wood, 2018, Clockshop, CA.

Octavia E. Butler, *Liknelsen om sådden*. 翻訳：Lina Johansson, 2019, Ovipositor Press, Malmö.

Niccollò Machiavelli, *Fursten*. 翻訳：Karin Hybinette, 2019, Modernista, Stockholm.（マキアヴェリ／池田廉訳『君主論（新版）』中公文庫、2018年）

Thomas Hobbes, *Leviathan eller en kyrklig och civil stats innehåll, form och makt*. 翻訳：Eva Backelin, 2004, Daidalos, Göteborg.（ホッブズ／角田安正訳『リヴァイアサン（1・2）』光文社古典新訳文庫、2014年）

Charles-Louis de Secondat Montesquieu, *Persiska brev*. 翻訳：Alvar Silow, 1915, Albert Bonniers förlag, Stockholm.（シャルル＝ルイ・ド・モンテスキュー／田口卓臣訳『ペルシア人の手紙』講談社学術文庫、2020年）

Charles-Louis de Secondat Montesquieu, *Om lagarnas anda*. 翻訳：Dagmar Lagerberg, 1998, Norstedts, Stockholm.（モンテスキュー／野田良之ほか訳『法の精神（上・中・下）』岩波文庫、1989年）

Kyle Harper, *The Fate of Rome: Climate, Disease, and the End of an Empire*. 2017. Princeton University Press, Princeton.

Dick Harrison, *Digerdöden*, 2019, Historiska media, Lund.

Michaela Harbeck et al. *Yersinia pestis DNA from Skeletal Remains from the 6th Century AD Reveals Insights into Justinianic Plague*, 2013, PLOS Pathogens.

Nicolás Rascovan et al,»Emergence and Spread of Basal Lineages of Yersinia pestis during the Neolithic Decline«, 2018, *Cell*, doi: 10. 1016 / j. cell. 2018. 11. 005

Jared Diamond, *Vete, vapen & virus – en kort sammanfattning av mänsklighetens historia under de senaste 13 000 åren*. 翻訳：Inger Johansson, 2006, Norstedts, Stockholm.（ジャレド・ダイアモンド／倉骨彰訳『銃・病原菌・鉄　一万三〇〇〇年にわたる人類史の謎（上・下）』草思社文庫、2012年）

Yuval Noah Harari, *Sapiens – en kort historik över mänskligheten*. 翻訳：Joachim Retzlaff, 2015, Natur & Kultur, Stockholm.（ユヴァル・ノア・ハラリ／柴田裕之訳『サピエンス全史　文明の構造と人類の幸福（上・下）』河出書房新社、2016年）

Peter Frankopan, *Sidenvägarna – en ny världshistoria*. 翻訳：Peter Handberg, 2017, Albert Bonniers förlag, Stockholm.（ピーター・フランコパン／須川綾子訳『シルクロード全史　文明と欲望の十字路（上・下）』河出書房新社、2020年）

Philipp Blom, *Nature's mutiny – How the Little Ice Age of the Long Seventeenth Century Transformed the West and Shaped the Present*, 2019, Picador, London.

ファルシッド・ジャラルヴァンド
Farshid Jalalvand
1984年イラン・テヘラン生れ。3歳のときに家族とともにスウェーデンに移住し、マルメで育つ。微生物学者、ワクチン研究者。朝刊紙のエッセイストでもある。本書がデビュー作。

訳　久山葉子
1975年兵庫県生まれ。翻訳家。エッセイスト。スウェーデン大使館商務部勤務を経て、現在はスウェーデン在住。訳書にアンデシュ・ハンセン著『スマホ脳』などがある。

サルと哲学者《てつがくしゃ》

哲学《てつがく》について進化学《しんかがく》はどう答《こた》えるか

発行　2023年12月15日

著者／ファルシッド・ジャラルヴァンド
訳者／久山葉子

発行者／佐藤隆信
発行所／株式会社新潮社
〒162-8711 東京都新宿区矢来町71
電話　編集部／03-3266-5611
　　　読者係／03-3266-5111
https://www.shinchosha.co.jp

組版／新潮社デジタル編集支援室

印刷所／錦明印刷株式会社
製本所／加藤製本株式会社

乱丁・落丁本は、ご面倒ですが小社読者係宛お送り下さい。
送料小社負担にてお取替えいたします。価格はカバーに表示してあります。

ISBN978-4-10-507381-7 C0098